ENSINANDO NA SALA DE AULA ON-LINE

L555a   Lemov, Doug.
          Ensinando na sala de aula on-line : sobrevivendo e sendo eficaz no novo normal / Doug Lemov, Equipe Teach Like a Champion ; tradução: Sandra Maria Mallmann da Rosa ; revisão técnica: Thuinie Daros. – Porto Alegre : Penso, 2021.
          x, 142 p. ; 23 cm.

          ISBN 978-65-81334-20-8

          1. Educação. 2. Didática. 3. Ensino via *web*. I. Equipe Teach Like a Champion. II. Título.

CDU 37

Catalogação na publicação: Karin Lorien Menoncin – CRB10/2147

DOUG LEMOV

E EQUIPE
TEACH LIKE A CHAMPION

ENSINANDO NA SALA DE AULA ON-LINE

SOBREVIVENDO E SENDO EFICAZ NO NOVO NORMAL

Tradução:
Sandra Maria Mallmann da Rosa

Revisão técnica:
Thuinie Daros
Cofundadora da Téssera Educação, Head de Cursos Híbridos e Metodologias Ativas.

Porto Alegre
2021

Obra originalmente publicada sob o título *Teaching in the online classroom: surviving and thriving in the new normal*
ISBN 9781119762935

Copyright © 2020 John Wiley and Sons, Inc.
All Rights Reserved. This translation published under license with the original publisher John Wiley & Sons, Inc.

Gerente editorial: *Letícia Bispo de Lima*

Colaboraram nesta edição:

Coordenadora editorial: *Cláudia Bittencourt*

Capa: *Paola Manica | Brand&Book*

Leitura final: *Heloísa Stefan*

Tradução das legendas dos vídeos: *As Criadoras*

Editoração: *TIPOS – Design editorial e fotografia*

Reservados todos os direitos de publicação ao
GRUPO A EDUCAÇÃO S.A.
(Penso é um selo editorial do GRUPO A EDUCAÇÃO S.A.)
Rua Ernesto Alves, 150 – Bairro Floresta
90220-190 – Porto Alegre – RS
Fone: (51) 3027-7000

SÃO PAULO
Rua Doutor Cesário Mota Jr., 63 – Vila Buarque
01221-020 – São Paulo – SP
Fone: (11) 3221-9033

SAC 0800 703 3444 – www.grupoa.com.br

É proibida a duplicação ou reprodução deste volume, no todo ou em parte, sob quaisquer formas ou por quaisquer meios (eletrônico, mecânico, gravação, fotocópia, distribuição na Web e outros), sem permissão expressa da Editora.

IMPRESSO NO BRASIL
PRINTED IN BRAZIL

AUTORES

Doug Lemov é autor de *Aula nota 10 2.0*. O trabalho que desenvolve com sua equipe transformou as salas de aula, definindo técnicas de ensino tangíveis que os educadores podem usar e adaptar.

A equipe **Teach Like a Champion** é formada por educadores que estudam os professores e seu trabalho. Você pode conhecê-la em https://teachlikeachampion.com/about/meet-the-team/ e acompanhar seu trabalho em https://teachlikea-champion.com/blog/

 **VÍDEOS**

Para assistir aos vídeos mencionados neste livro, acesse o *hotsite*:
apoio.grupoa.com.br/saladeaulaonline

SUMÁRIO

	INTRODUÇÃO: O ENSINO REMOTO E O NOVO NORMAL Doug Lemov Erica Woolway	1
1	**APRENDIZAGEM SÍNCRONA E ASSÍNCRONA** Hannah Solomon Beth Verrilli	11
2	**DISSOLUÇÃO DA TELA** Jen Rugani Kevin Grijalva	27
3	**CULTURA DA ATENÇÃO E ENGAJAMENTO** Colleen Driggs Jaimie Brillante	43
4	**PONTOS DE PAUSA** Hilary Lewis Brittany Hargrove	61

5	**CICLOS DE AVALIAÇÃO E VERIFICAÇÃO DA COMPREENSÃO** Emily Badillo Jen Rugani Hannah Solomon	75
6	**PROCEDIMENTOS E ROTINAS** Darryl Williams Dan Cotton	93
7	**TECNOLOGIA NA SALA DE AULA** Rob Richard John Costello	109
	CONCLUSÃO: PLANEJANDO PARA O FUTURO Erica Woolway Emily Badillo Doug Lemov	125
	REFERÊNCIAS	135
	APÊNDICE 1: UM MODELO DE AULA E O CONCEITO DE TAREFA SEMISSÍNCRONA	137
	GLOSSÁRIO DAS TÉCNICAS DE *AULA NOTA 10*	141

INTRODUÇÃO: O ENSINO REMOTO E O NOVO NORMAL

DOUG LEMOV
ERICA WOOLWAY

Alguns pequenos e belos momentos ocorrem em uma das aulas remotas de Eric Snider com seus estudantes da Achievement First Iluminar Mayoral Academy Middle School, em Cranston, Rhode Island. A turma está lendo *One crazy summer*, de Rita Williams-Garcia, e Eric pergunta se alguém está disposto a tentar responder a uma pergunta que eles sabem que é difícil. Eric já lhes disse, calmamente e sem julgamento, que muitos deles interpretaram mal uma passagem importante – que a pergunta que devem responder é difícil. Muitos dos estudantes são destemidos e se voluntariam. Ele agradece a cada estudante que ergue a mão, citando seus nomes. Eric está mostrando aos estudantes que reconhece que eles aceitam o desafio. Prontamente, há mais voluntários. Eric novamente mostra seu reconhecimento e agradece a todos.

Esse é um grande momento, pois nos faz lembrar o quão importante é para as pessoas sentirem-se vistas. Dizer a alguém o quanto você valoriza o que essa pessoa faz diante dos desafios pode ajudar a revelar o que ela tem de melhor, tanto *on-line* quanto presencialmente.

Esse momento também nos faz lembrar que o ato de observar os outros pode influenciar o comportamento das pessoas. Nós nos tornamos – ou podemos nos tornar – mais parecidos com o que escolhemos observar. "O corpo humano tem cerca de 11 milhões de receptores sensoriais", escreve James Clear em *Atomic habits*. "Aproximadamente 10 milhões deles são dedicados à visão... uma pequena mudança no que você vê pode originar uma grande alteração naquilo que você faz." Bons modelos são poderosos.

A referida aula termina com uma estudante respondendo à difícil pergunta linda e convincentemente, sentada no banco traseiro do carro de sua família. É um mundo difícil esse de agora, mas ela conseguiu se adaptar e se esforçou ao máximo.

Os professores também têm sido convocados a fazer o que sabem ser difícil: mudar, sem aviso prévio, para um universo desconhecido – em que interagem com seus estudantes remotamente, como se fosse pelo buraco da fechadura na porta da sala de aula. Cada um dos jovens com quem nos preocupamos aparece agora como uma pequena imagem no canto da tela do nosso computador (algumas vezes nem sequer isso).

Quase tudo relacionado ao ensino mudou para os professores nos últimos meses, exceto o fato de que os estudantes precisam de nós. E, portanto, cabe a nós, como profissionais, aprender novos métodos para alcançá-los o mais rápido e efetivamente possível.

Este livro é sobre aplicar as lições daquele momento da sala de aula de Eric aos professores. Nele, mostraremos a você, com reconhecimento, pequenos momentos de aulas de professores reais trabalhando *on-line*. Iremos compartilhar conhecimentos e discutir princípios a partir desses exemplos para ajudá-lo a se adaptar da melhor forma possível ao nosso "Novo Normal" do ensino remoto ou alguma combinação de educação remota e sala de aula. E ao fazer isso esperamos mostrar nosso reconhecimento a você e aos professores cujo trabalho compartilhamos.

Ninguém pediu que o mundo mudasse assim, mas ele mudou. Como professores, isso significa que há um trabalho a ser feito. Se você está lendo isto, é porque reconhece e aceita esse fato. Somos gratos a você, e nosso objetivo é retribuir por esse comprometimento. E a boa notícia é que os professores se envolveram em face das dificuldades e fizeram o trabalho. Eles fizeram o trabalho e começaram a encontrar soluções para os difíceis desafios cotidianos do ensino remoto. Cada vez que uma dificuldade se apresenta, sempre há algum professor, em algum lugar, que encontra uma solução.

ENFRENTANDO O NOVO NORMAL, AGORA

Ao enfrentar novos desafios no ensino, é importante lembrar que, embora boa parte do trabalho tenha mudado (todos nós sabemos o que é o Zoom,[*] por exemplo), muito ainda segue o mesmo. Os fundamentos do ensino e as relações que conhecemos da nossa vida anterior ainda se aplicam. Algumas vezes temos apenas que procurar mais ou em lugares diferentes para constatar isso. Como uma amiga des-

---

[*] N. de R.T.: O Zoom é uma plataforma para conferências remotas, criada, em 2011, pela empresa norte-americana Zoom Video Communication.

creveu sua vida na quarentena, este é um Novo Normal – totalmente diferente, mas com pelo menos um eco do que é familiar.

Desde que teve início esse Novo Normal, testemunhamos inúmeros desafios na "sala de aula" – problemas técnicos na internet; boa internet, mas com alguns estudantes sem um dispositivo para acessá-la; estudantes participando nos corredores do lado de fora de seus apartamentos; professores dando aulas com seus próprios filhos no colo – mas vimos mais ainda uma atitude de determinação, uma disposição para resolver problemas diante de situações que estão fora do nosso controle. Olhamos cada vez menos para trás e voltamo-nos cada vez mais integralmente para o futuro.

É importante sublinhar a urgência desta atitude – a absoluta necessidade de sermos melhores no que fazemos agora, não importando as circunstâncias.

Uma publicação recente em um *blog*, feita pela economista da Brown University Emily Oster, usou dados da pesquisa de seu colega John Friedman para mostrar o quanto serão críticos os próximos meses e anos de nossas vidas docentes. Friedman coletou dados do progresso dos estudantes da plataforma de matemática *on-line* Zearn, mapeou-os longitudinalmente e subdividiu-os por nível de renda. Este é o gráfico:

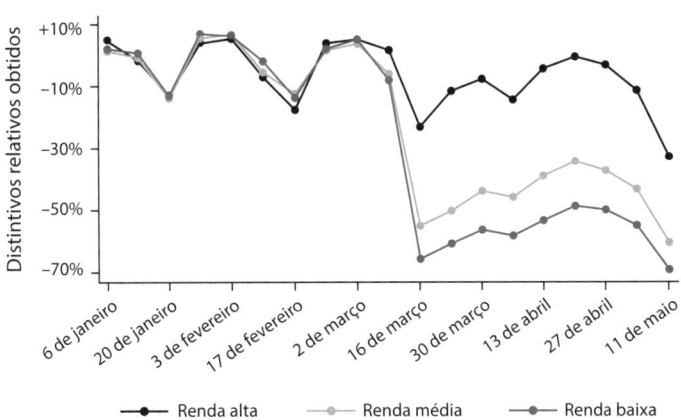

Progresso dos estudantes na plataforma Zearn, por nível de renda na área escolar para salas de aula que usavam Zearn ANTES do fechamento

Os dados estão baseados no ritmo com que os estudantes que já estavam familiarizados com a aprendizagem *on-line* progrediram nos "distintivos"* de aprovei-

---

* N. de R.T.: Distintivos são uma forma de premiação ou recompensa digital para os estudantes que completaram uma tarefa com excelência ou demonstraram uma habilidade requerida.

tamento na plataforma Zearn. Essa é uma medida imperfeita – por um lado, muito do trabalho envolve a autoaprendizagem de materiais pré-produzidos (aprendizagem assíncrona) em vez de interações pessoais remotas com um professor (aprendizagem síncrona); por outro, são dados sobre estudantes que já estavam realizando extenso trabalho remoto e, portanto, para quem a transição *on-line* provavelmente foi muito menos uma ruptura do que para outros. Os distintivos podem não ser uma medida perfeita da aprendizagem, mas oferecem dados que nos mostram muito claramente como o fato de estar afastado das salas de aula afetou um grande grupo de estudantes de uma forma mensurável – e nos permitiu separar esses dados por renda e procurar potenciais disparidades e desigualdades. Com base nesses padrões, os dados são desoladores.

"Mesmo para estudantes nos distritos em *melhor* situação – os de renda mais alta –, há uma redução de cerca de 10% nos distintivos recebidos", disse Oster, "e parece ficar ainda pior nas últimas semanas. Para estudantes nos distritos escolares de média e baixa renda, os resultados são um desastre. Parece haver uma queda de aproximadamente 60% nos distintivos recebidos. Ou seja, as crianças nesses distritos estão avançando no currículo *a um ritmo inferior à metade do que tinham quando estavam na escola*" (itálicos no original).

A situação é urgente, mas achamos que os grandes problemas podem ser abordados de forma significativa pela nossa disposição em focar nos "pequenos" problemas do ofício – todos os dias melhorar o que fazemos como professores.

E, ao fim do dia, ainda há um lado bom. Algumas coisas funcionam melhor *on-line*; alguns estudantes irão progredir mais ali; algumas coisas que aprenderemos nos tornarão melhores professores em todos os ambientes. Haverá algumas lições a serem levadas de volta para nossas antigas salas de aula. Não pretendemos ignorar isso. Apenas achamos que é importante termos a clareza de que tudo o que sabemos sobre ensino sugere que a experiência *on-line* será menos potente, e o que é mais preocupante é que quase certamente isso será assim para os estudantes que já estão em maior risco. Precisamos arregaçar as mangas.

Um colega jornalista nos escreveu no meio da quarentena em abril. O que achávamos que era o sentimento de consenso dos professores? Eles estavam entusiasmados? Achavam que o futuro havia chegado subitamente, de um dia para o outro? Ou estavam mais céticos? Eles estavam pensando: *mais outra droga de treinamento para fazer!*?

Nenhuma dessas alternativas. Acreditamos que um resumo razoável da opinião do professor médio era: "Isto é assustador, e eu perdi o mundo como ele era – eu, minha sala de aula, meus estudantes. Mas essa é a realidade. As crianças precisam que eu seja bom nisso, então tenho que dar o melhor de mim".

Obviamente, não são muitas as pessoas com opinião tão favorável, mas este livro é para aqueles professores que, como nós, não teriam escolhido este caminho, mas que, defrontados com ele, estão determinados a encontrar formas simples e replicáveis de se sair bem e servir melhor aos nossos estudantes. Em outras palavras, não somos futuristas. Não vamos fazer palestras do TED Talks sobre o futuro do ensino automático, sem conflitos e sem descontinuidades que está à nossa espera se pudermos simplesmente adotar a tecnologia.

Como muitos de vocês (a maioria? todos?), esperamos estar de volta às salas de aula em breve. Passamos boa parte de nossas carreiras coletivas estudando-as – cada pequena interação, uma por uma – porque as achamos tão importantes e porque pensamos que as salas de aula são especialmente adequadas para construir uma cultura em torno dos estudantes que desperta o que eles têm de melhor. As salas de aula podem ser um "espelho brilhante": um local que envolve os estudantes em uma cultura que extrai o melhor que existe dentro deles, mas também os modifica para melhor. O ambiente de aprendizagem ideal é uma sala de aula onde os pares estão olhando para você enquanto compartilha uma ideia incipiente. Seus olhos mostram que eles também valorizam isso. Eles ouvem atentamente, e as palavras deles, em resposta, também são esclarecedoras. Eles o ajudam a expandir sua ideia e a refiná-la. Logo aquela ideia já não é mais a sua ideia apenas, mas o pensamento coletivo do grupo. Juntos, vocês chegam a uma compreensão compartilhada mais profunda.

Os humanos são máquinas primorosamente desenvolvidas para observar e responder aos demais humanos à sua volta, tendo sobrevivido como espécie formando grupos sociais. Quando estamos juntos socialmente, podemos recorrer a todas as ferramentas que estão conectadas em nossos cérebros e que nos fazem responder à cultura positiva. E embora um ambiente *on-line* não possa proporcionar todas as coisas que uma sala de aula pode – você, por exemplo, não consegue captar a emoção de uma sala com 30 pessoas interagindo umas com as outras, de certa forma realmente sentindo suas respostas a um *insight* revelador –, o objetivo deve ser fazer com que o ensino remoto seja o mais próximo disso possível. Ele precisa transmitir a força que o ouvir e ser ouvido têm, a forma como os estudantes são envolvidos e engajados, focados e responsáveis, no sentido mais afetuoso da palavra, mesmo que eles não estejam dispostos.

Acreditamos que, na rede, a experiência da aprendizagem *on-line* provavelmente será menos produtiva para a maioria dos estudantes do que o são as salas de aula. Pode ser assim para muitos, e de uma forma que impacte ainda mais os estudantes mais vulneráveis. Este é um tipo de segunda pandemia educacional, e a melhor maneira de lutar contra ela, achamos, é focando na essência do ofício: os movimentos fundamentais que moldam cada interação com os jovens e que podem melhorar a experiência e mitigar o máximo possível as suas limitações. A palavra "fundamento" é importante. Procuramos nas salas de aula *on-line* o que procuramos em seus primos tradicionais, o que é relativamente simples de fazer e replicar, e o que pode ser reutilizado e adaptado para tornar a experiência de aprendizagem mais rica para os estudantes. Essas coisas são mais valiosas e valem o seu tempo.

E como Chip e Dan Heath nos lembram em um de nossos livros favoritos sobre gerenciamento da mudança, *Switch*, o tamanho da solução nem sempre corresponde ao tamanho do problema. Pequenas mudanças podem ter efeitos profundos. Tentamos focar nisso aqui.

Por fim, somos pragmáticos sobre a aprendizagem *on-line*, complementados por uma dose de ceticismo e uma profunda crença nas pessoas, nos estudantes e professores, todos os quais podem ser, para nós, guias úteis. Mas, mesmo para nosso lado mais cético, as notícias não são totalmente ruins. Há um lado bom também. Descobriremos coisas novas sobre nós mesmos e desenvolveremos nossas habilidades para ensinar *on-line*. Discutiremos algumas delas daqui a pouco. Mas, primeiro, vamos recuar um passo e lhe contar um pouco mais sobre como acabamos escrevendo um livro a respeito de algo que, apenas alguns meses atrás, era a coisa mais distante da nossa mente.

O OFÍCIO DE ENSINAR

Este é um bom momento para fazer a observação de que somos professores não apenas porque escrevemos a respeito e estudamos o ensino, mas porque passamos a maior parte do nosso tempo em salas com grupos de pessoas a quem estamos tentando ajudar a aprender as coisas – neste caso, o ofício de ensinar.

Nós também fomos pegos de surpresa pela repentina supressão da sala de aula. Tivemos uma temporada repleta de *workshops* para planejar e desenvolver e, de repente, um dia, eles foram todos cancelados. Nós nos perguntamos: devemos encerrar as atividades? Devemos nos entregar e esperar? O ensino e os professores estavam em crise. E, no fim das contas, acreditamos que nossa força como grupo reside no próprio grupo – nossa capacidade de aprendermos juntos. Isso é o que temos feito há dez anos: reunimo-nos duas vezes por semana para assistir a vídeos de professores ensinando, analisamos seus movimentos e decisões nos mínimos detalhes e aprendemos o máximo possível. Se você nos perguntar o que fazemos, diremos que estudamos os professores. Seria possível direcionar essa força para as salas de aula virtuais? Afinal, umas das poucas vantagens das salas de aula virtuais é a facilidade da gravação. O vídeo tem que estar lá. Será que podemos assistir, estudar e aprender?

Dois dias depois que fechamos o consultório e fomos para casa, nos reunimos – via Zoom – para assistir ao nosso primeiro lote de vídeos de ensino *on-line*. Tratava-se de um grupo de professores de pré-escola e primeiro ano de uma escola autônoma no Brooklin. Depois de acordarem em um admirável mundo novo, ali estavam eles, sorrindo para as crianças, que realmente precisavam vê-los sorrindo, e dando o melhor de si para ensinar *sight words** e problemas matemáticos a partir de suas salas de estar e cozinhas. Todos eles eram maravilhosos, mas uma em particular se destacou. Seu nome era Rachel Shin. Todos nós soubemos imediatamente que havia alguma coisa duplamente especial ali. Seu sorriso e sua cordialidade fizeram com que sentíssemos como se ela estivesse sentada na sala conosco. Sua aula era assíncrona – pré-gravada para os estudantes assistirem posteriormente –, mas era claramente planejada para mantê-los como participantes ativos em vez de passivos. Ela dizia aos estudantes para pausarem o vídeo e resolverem um problema. Ela lhes dizia para lhe enviarem por *e-mail* outro problema como tarefa de casa para aquela noite. *Dissolução da tela, Pontos de pausa, Avaliação com defasagem*: todas essas são ideias sobre as quais você lerá a respeito mais adiante, e cada uma delas se originou, como tudo aqui, do estudo de professores como Rachel.

Publicamos um artigo curto em nosso *blog* sobre o que havíamos observado. Aquele foi o primeiro de muitos, porque, depois daquele primeiro dia, combinamos deixar tudo em suspenso, começar a assistir a vídeos juntos cinco dias por semana, aprender o máximo que pudéssemos e o mais rápido possível e compartilhar isso com os professores o mais frequente e diretamente que conseguíssemos administrar.

A essa altura, a última coisa que tínhamos em mente era um livro. Algumas semanas mais tarde, hesitantemente oferecemos um *webinar* com o estudo de vídeos e os princípios fundamentais do ensino. Era um *webinar* gratuito, mas limitamos o tamanho para que pudéssemos demonstrar melhor as interatividades sobre as quais estávamos falando. As inscrições se esgotaram em minutos. Interpretamos isso como uma sinalização do tamanho da demanda, não tanto da qualidade da nossa oferta. Mesmo assim, redobramos nossos esforços. Tudo o que queríamos era poder compartilhar coisas de valor e aprender mais no processo.

Ao mesmo tempo, tivemos outro problema. Percebemos que, sem demora, teríamos que pegar tudo o que fizemos em nosso trabalho de treinamento e colocar *on-line*. Já usávamos o Zoom há anos para realizar nossas reuniões e sessões de estudos, e havíamos pensado muito sobre como deveria ser uma boa interação *on-line*. Embaraçosamente, nós éramos um pouco *nerds* a esse respeito e tínhamos protocolos escritos e processos para nos ajudar a tornar cada reunião *on-line* a mais valiosa e produtiva possível. Mas também éramos ludistas.** Inicialmente, a maioria de nós não tinha muita certeza do que era uma Sala de descanso (*Breakout Room*),

---

* N. de R.T.: *Sight words* são palavras que os estudantes são ensinados a memorizar para que as identifiquem rapidamente, sem usarem a decodificação, como *and*, *big* ou *down*.

** N. de R.T.: O ludismo foi um movimento de trabalhadores ingleses da indústria de fiação e tecelagem do século XIX que criticava o uso das máquinas e as destruía como forma de protesto.

muito menos como usá-la. Havia problemas com o compartilhamento de telas. *Espere, qual é o botão?* Se você também se identifica com isso, bem, saiba que está seguro aqui.

Em outras palavras, embora estivéssemos estudando a transição para a aprendizagem *on-line*, também estávamos fazendo a transição do nosso ensino para lá, aos trancos e barrancos. Isso acabou sendo uma bênção – tivemos oportunidades imediatas de aplicar tudo o que estávamos vendo nas salas de aula. Algumas coisas se revelaram melhores do que outras. Descobrimos alguns macetes que foram úteis. E descobrimos que havia muitos macetes que não funcionavam porque eram engenhosos demais (isto é, eram sofisticados, mas na verdade não melhoravam a aula tanto assim) ou muito complexos. Executá-los demandava muito da nossa memória de trabalho para poder administrar – tentar desvendar a cena principal de um romance, dar uma espiada em nossos computadores e ler nos rostos dos nossos participantes se eles estavam nos acompanhando. Seguimos adiante lenta, mas persistentemente, e decidimos que era mais importante empregar nosso tempo aprendendo a fazer coisas mais básicas muito, muito bem, em vez de fazer coisas chamativas que funcionavam apenas bem.

Abaixamos a cabeça, por assim dizer, focando nessas tarefas, quando, de repente, erguemos os olhos e notamos que o tráfego no *blog* Teach Like a Champion (TLAC) havia se multiplicado. De repente as pessoas começaram a nos pedir para falar em conferências (virtuais) sobre o ensino *on-line*. Tentamos evitar, pois sabíamos que não éramos especialistas – *Uau, as pessoas devem estar mesmo no fundo do poço* –, mas, em retrospectiva, talvez essa fosse a questão. Nós éramos pessoas comuns – bem, professores comuns – lutando contra esse desafio, mas com o benefício de muitos vídeos para assistir e uma sala cheia de *nerds* do ensino para dissecá-los. Podemos não ser capazes de lhe apresentar uma teoria sobre a aprendizagem *on-line*, mas certamente podemos indicar vídeos de professores incríveis para estudarmos juntos. Posteriormente, um amigo no mercado editorial ligou e disse: "Vocês precisam pensar em um livro. O novo ano letivo está chegando rápido". Inicialmente, nós rimos. Depois choramos. (Estávamos de fato muito ocupados.) E então colocamos mãos à obra.

Apesar de toda aquela nossa conversa de sermos ludistas, de sentirmos falta da sala de aula e de criticarmos um pouco a tecnologia e a aprendizagem *on-line* (disso já nos livramos, pode ter certeza), realmente acreditamos que nós – todos nós – podemos melhorar muito nesse aspecto e muito rapidamente. Além do mais, nossa própria experiência estudando e usando essas ideias nos mostrou isso, e tentaremos ao longo do livro compartilhar algumas dessas experiências de errar e depois acertar, e esperamos que isso ajude a fazer com que você se sinta motivado e otimista. Isso pode ser feito – portanto precisa ser feito.

Com tudo isso em mente, eis o que temos pela frente.

O Capítulo 1, escrito por Hannah Solomon e Beth Verrilli, descreve uma distinção fundamental entre dois tipos de aulas *on-line*, síncronas e assíncronas. Descrevemos alguns dos seus pontos fortes e limitações e como abordá-los. Também discutimos como elas podem trabalhar em sinergia – como uma ótima aula pode incluir elementos de ambas.

O Capítulo 2, escrito por Jen Rugani e Kevin Grijalva, descreve a "Dissolução da tela", que significa fazer com que os estudantes se sintam mais conectados remotamente. Embora a construção e a manutenção das relações sejam partes importantes da Dissolução da tela, ela vai além. É sobre fazer essas coisas por intermédio do conteúdo e do ofício de ensinar – é sobre fazer os estudantes se sentirem conectados por meio da aprendizagem.

O Capítulo 3, escrito por Colleen Driggs e Jaimie Brillante, discute um dos maiores desafios da aprendizagem *on-line*: a distração. Os estudantes estão distantes de nós e estão nas telas – um ambiente que é projetado para oferecer distração constante. Este capítulo é na verdade sobre como, no ensino *on-line*, metade da batalha contra a distração é frequentemente ligar suas interações para maximizar a atenção.

O Capítulo 4, escrito por Hilary Lewis e Brittany Hargrove, é sobre os Pontos de pausa – momentos em que você convida os estudantes a ficarem engajados e ativos. Partimos para a prática e mostramos vídeos de respostas a perguntas como: Com que frequência devem ocorrer os Pontos de pausa para o engajamento ativo dos estudantes? Que tipos de tarefas são mais importantes? Como as realizo assincronamente?

O Capítulo 5, escrito por Emily Badillo, Jen Rugani e Hannah Solomon, é sobre avaliação – ou, como gostamos de chamar, *Verificação da compreensão*. Nossos estudantes estão distantes. Não podemos olhar sobre seus ombros suas anotações ou seus conjuntos de problemas. Como e quando tentamos fazer uma *Verificação da compreensão*?

O Capítulo 6, escrito por Darryl Williams e Dan Cotton, trata dos sistemas operacionais fundamentais de qualquer sala de aula: seus procedimentos e rotinas – com que se defrontam tanto os estudantes quanto os professores. Precisamos ter uma maneira certa de fazer aquelas coisas que fazemos com mais frequência. Devemos ser capazes de fazê-las simples e rapidamente, sem pensar muito, para que possamos focar na aprendizagem. Isso vale tanto para aulas *on-line* quanto *off-line*.

O Capítulo 7, escrito por Rob Richard e John Costello, aborda a tecnologia e as plataformas. Como podemos obter o máximo possível de valor pedagógico a partir de ferramentas básicas? Quais são alguns truques simples para tornar nossas vidas mais fáceis quando estamos usando a tecnologia? Até onde devemos ir? Simplicidade é o nosso lema.

Uma das primeiras coisas que observamos na aula de Rachel Shin naquele primeiro dia foi como ela ecoava frases e ações que faziam lembrar o passado familiar que ela e seus estudantes haviam compartilhado. Ficamos imaginando que podemos aplicar essa ideia antecipadamente. Que devemos começar a planejar o que faremos em nosso retorno às salas de aula tradicionais para alinhar com o que fazemos *on-line*, de modo que elas ecoem entre si e, assim, possamos facilmente transitar entre ambas daqui para a frente, como a incerteza quase certamente exigirá de nós.

Diante de tudo isso, concluímos com uma reflexão sobre o futuro e o que ele pode nos reservar. Isso pode vir a ser útil – pelo menos na medida em que é útil seguir conselhos sobre o futuro de pessoas que, aqui e agora, essencialmente não conseguem encontrar as chaves do seu carro.

Brincadeiras à parte (estamos com as chaves agora!), temos dois objetivos: 1) destacar coisas úteis em pequenos momentos na vida de professores reais a fim de que você possa fazer pequenas adaptações para como ensinar *on-line* e 2) demonstrar nosso reconhecimento aos professores que foram convocados a fazer o trabalho imensamente desafiador em face de enorme incerteza, e como eles precisam se sair bem.

Agradecemos a todos vocês por seu trabalho em benefício dos estudantes. Esse é o trabalho mais importante no mundo.

APRENDIZAGEM SÍNCRONA E ASSÍNCRONA

HANNAH SOLOMON
BETH VERRILLI

Nem todas as aulas remotas são iguais, mas, em geral, a aprendizagem remota assume duas formas: aprendizagem assíncrona e aprendizagem síncrona.

A aprendizagem assíncrona acontece quando o trabalho de aprendizagem ocorre em diferentes momentos e em diferentes lugares – digamos, quando os estudantes preenchem uma atividade que você publicou *on-line* e lhe enviam de volta por *e-mail*, ou quando você grava uma aula em vídeo para que eles assistam no seu próprio tempo. Aprendizagem síncrona é o tipo que acontece ao mesmo tempo, mas em diferentes lugares. Qualquer tipo de aula que ocorre via Zoom, Google Meet ou inúmeras outras plataformas está incluído nesse conceito.

Os dois tipos de instrução remota têm seus benefícios e suas limitações. Neste capítulo, examinaremos cada um deles e apresentaremos algumas maneiras de obter o máximo de ambos.

APRENDIZAGEM ASSÍNCRONA: BENEFÍCIOS E LIMITAÇÕES

Se as aulas síncronas são a TV ao vivo, as aulas assíncronas são a Netflix (ou, mais atualmente, o YouTube). Essa diferença é acompanhada de todos os benefícios de ter o controle sobre o produto final. Como os professores podem regravar ou editar um vídeo quando querem melhorar alguma forma de se expressar, ou podem esperar para começar a gravar depois que seus próprios filhos já estão dormindo, as aulas assíncronas podem gerar uma apresentação de melhor qualidade.

Os estudantes também têm muito mais controle em um ambiente assíncrono. Talvez eles precisem esperar até que um dos irmãos tenha terminado de usar um computador compartilhado, ou tenham que conciliar com os horários de trabalho da sua família (ou com seus próprios horários, no caso de um estudante do ensino médio). Eles também podem assistir a aulas assíncronas no seu próprio ritmo, pausando quando precisam de mais tempo para completar uma questão ou retrocedendo para ouvir uma explicação uma segunda vez.

As aulas assíncronas também são escaláveis: um professor pode gravar uma aula que muitos colegas podem usar, dividindo a carga de trabalho do conteúdo entre a equipe e liberando os professores para outras tarefas. E a aprendizagem assíncrona se presta a tarefas mais complexas, já que os estudantes podem aproveitar o tempo para ser mais reflexivos e pensar mais detidamente sobre seu trabalho.

Já vimos muitas formas diferentes pelas quais as aulas assíncronas podem apoiar a aprendizagem. Os estudantes podem assistir a uma aula de história assincronamente, e depois usam as informações para responder a um comando *off-line*. Estudantes de matemática podem assistir a seu professor demonstrar como encontrar a média de uma série de números e depois passar para os problemas práticos. As aulas assíncronas permitem que os professores também joguem com o tempo. As aulas podem ter uma "data de expiração" ou ser "permanentes".

As aulas com data de expiração são planejadas para ser assistidas em um prazo específico – desde algumas horas até vários dias ou mais. Determinar prazos é a abordagem mais comum ("Assistam à aula e façam *upload* do pacote da tarefa de casa até quarta-feira ao meio-dia." ou "Assistam à aula, completem o conjunto de problemas e mandem por *e-mail* para mim. Quando eu receber, enviarei a parte 2."), embora os professores também experimentem se reportar a eventos mundiais ou na comunidade para vincular as aulas a um momento específico no tempo. Basear uma aula sobre vocabulário em torno de um aniversário na turma, por exemplo, ou selecionar novos artigos para complementar um estudo novo pode ser incluído nas aulas com data de expiração. Esses tipos de aula são especialmente úteis no estabelecimento e reforço nos estudantes de hábitos de trabalho responsáveis, assim como na construção de um forte senso de comunidade.

Ao contrário das aulas com data de expiração, as aulas "permanentes" ficam disponíveis para sempre, e os estudantes podem assisti-las toda vez que acharem necessário. Por exemplo, um professor pode gravar um vídeo rápido sobre a incorporação de citações de uma fonte primária, caso os estudantes precisem de uma atualização antes dos trabalhos no final da unidade, ou simplesmente capturar uma aula sobre secções transversais de um prisma tridimensional sem especificar quando ou quantas vezes assisti-la. Os estudantes podem assistir várias vezes a um experimento de ciências gravado assincronamente.

A internet também está repleta de vídeos permanentes – autores famosos lendo textos em voz alta, Bill Nye apresentando conceitos científicos e cursos complementares da Khan Academy – que os professores podem usar para criar um banco de conteúdos úteis em vídeo. Nossa opinião é que os vídeos permanentes devem ser curtos, concisos e usados principalmente para consulta, tarefa de casa ou como introduções a um conteúdo novo (idealmente seguidos por um vídeo com orientações mais claras para o estudante). Embora possa parecer tentador imaginar a gravação de um vídeo para introduzir polinômios todos os anos, a atenção e o engajamento dos estudantes podem diminuir sem esses pontos de contato pessoal e oportuno.

A aprendizagem assíncrona também tem seus inconvenientes. Para professores sem habilidade para avaliar o engajamento ou a compreensão dos seus estudantes, mesmo a aula assíncrona mais robusta poderá significar um salto no vazio. E a pressão para tornar a aula assíncrona "perfeita" pode se traduzir em horas de refilmagem.

Do outro lado da tela, os estudantes podem perder a sensação de conectividade com os professores e os pares – e sentir pouca responsabilidade durante a aprendizagem assíncrona. Nosso temor é que eles assistam e ignorem educadamente todas as orientações de "Pare e anote", "Acrescentem isso às suas anotações" ou "Resolvam esse problema" e, em vez disso, esperem que o professor lhes forneça a resposta certa quando a câmera rodar. Ou eles podem aplicadamente executar cada tarefa, mas sem muito domínio do conteúdo – e sem que saibamos disso. Sem algum componente de sincronicidade ou controle, não há como saber se os estudantes estão realmente engajados. Eles podem pressionar o *play* no vídeo, rabiscar no seu caderno enquanto saboreiam um salgadinho e depois trabalhar na tarefa como se jamais o tivessem visto.

Para esses tipos de desafios ao engajamento, o professor de história George Bramley, da Brigshaw High School, em Londres, Inglaterra, compartilhou uma solução sofisticada. George pede que os estudantes tenham aberto um determinado Google Doc para aquela tarefa enquanto assistem à sua aula pré-gravada. Ao longo da tarefa, ele solicita que eles anotem observações e as respostas em um momento específico. Como suas perguntas são preparadas para ser incluídas no conteúdo enquanto ele é explicado (p. ex., "O que aconteceu antes?", "O que o rei Harold faz a seguir?", "O que realmente aconteceu?") e são de natureza formativa, os estudantes não conseguem simplesmente preencher o quadro depois de assistir à aula pela metade. George consegue identificar o quanto eles estiveram atentos durante a aula e avaliar suas conclusões duradouras após o término do vídeo.

George também "faz uma entrada" durante essa tarefa assíncrona, lembrando aos estudantes onde eles devem estar e o que devem estar fazendo: "Por favor, agora façam suas anotações naquele segundo box" e "Vocês podem digitar essa próxima informação no box número 5". George pode não estar na sala com os estudantes, mas seu documento de apoio e os lembretes verbais asseguram que eles processem a informação passo a passo, eficiente e efetivamente.

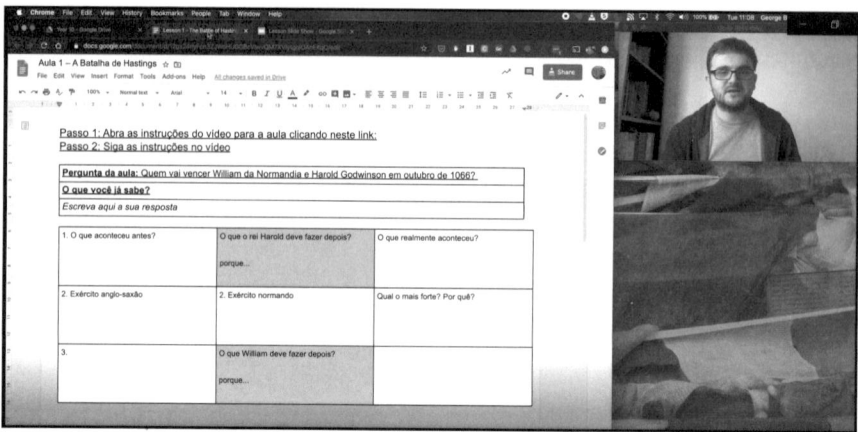

Também há o risco de que uma tarefa assíncrona tenha resultados assimétricos: os estudantes fortes continuam a evoluir; os estudantes com dificuldades continuam com dificuldades. Muitos fatores podem influenciar esses resultados assimétricos: a capacidade de concentração de cada estudante, o quanto ele se percebe como "bom" naquela disciplina, a relação preexistente com o professor e a habilidade e a disponibilidade de suporte por parte da família.

Considere Sarah, que assiste à sua tarefa de espanhol enquanto seus três irmãos estão correndo à sua volta; ela precisa ajudar a cuidar deles enquanto sua mãe está fora. Amélia, no outro lado da cidade, está sentada na cozinha com sua mãe por perto, de olho nela com um olhar afetuoso, mas atento, e ajudando-a a se manter organizada. Quem aproveita mais essa tarefa?

Como sabemos devido aos anos em que fizemos o mapeamento dos lugares para nossas salas de aula tradicionais, o local onde você está aprendendo pode fazer uma grande diferença nos resultados. Ao observar a aprendizagem remota no mundo todo, vimos estudantes "frequentarem" a escola virtual de pijama e na cama, afivelados no banco traseiro de um carro em movimento e sentados entre os irmãos, amontoados em uma mesa da cozinha. Já vimos lares em que um adulto ou irmão mais velho se senta ao lado e ajuda o estudante a retomar o foco, e espreitamos ambientes de aprendizagem onde fica evidente que o estudante do ensino médio está na "aula de matemática" e, ao mesmo tempo, cuidando de seus irmãos muito mais novos.

Tanto assistir a um vídeo quanto executar uma tarefa pode requerer uma quantidade razoável de suporte familiar (e internet banda larga), o que sabemos ser particularmente desafiador para todas as famílias – e este é um desafio particularmente assíncrono. Na aprendizagem assíncrona, os estudantes estão aprendendo nas circunstâncias em que se encontram – sejam elas com apoio ou de forma independente, com confiança ou insegurança.

Finalmente, um tempo de tela excessivo pode aumentar a fadiga e diminuir a atenção. Pense na criança de 7 anos cuja sala de aula anteriormente era repleta de música e projetos e que agora está tentando aprender multiplicação com a Profª. Smith bidimensional. Ou o estudante cuja sala de aula lhe proporcionava a sustentação e o apoio de que precisava para ter sucesso em matemática e agora está no mesmo vídeo que todos os seus colegas. A diminuição na capacidade de concentração e a falta de engajamento podem parecer impossíveis de administrar ou monitorar *on-line*. Como sabemos a diferença entre um vídeo rodando em segundo plano e os estudantes fazendo o trabalho?

Levando em conta as desvantagens, por que então gravar lições assíncronas? Por que não apenas enviar às crianças algum material educativo da internet como a Khan Academy, cujo conteúdo é bom, abrangente e já está pronto para ser rodado? Por duas razões: conexão e engajamento.

Embora a filmagem de um professor na sua sala de jantar possa não ter o brilho que oferece o cardápio popular da internet, a conexão humana com alguém que se preocupa com você é indispensável. E engajamento, responsabilidade e clareza da tarefa não são contemplados em vídeos que não são preparados tendo em mente os resultados de aprendizagem dos seus próprios estudantes. O conteúdo do vídeo de terceiros é "opcional". Ele não tem a estrutura e o suporte necessários. Ele não lembra às crianças quando e onde fazer anotações, ou não requer que elas solidifiquem o conteúdo fazendo pausas para tentar resolver um problema.

Encontramos essas duas coisas – a conexão e o engajamento – na aula de matemática assíncrona de Joshua Humphrey, da KIPP St. Louis High School. Primeiro, Joshua divide sua instrução diária de matemática em duas lições mais curtas e apresenta uma tarefa a ser realizada entre elas. Mesmo para adultos, é difícil manter o foco depois de 60 minutos ou mais em uma chamada pelo Zoom; ao reduzir o tamanho de suas lições e dar uma tarefa, ele ajuda os estudantes a imprimirem um ritmo a seus dias, aumentando suas chances de prestarem mais atenção durante cada tarefa. E ele também limitou as lições a 12 minutos. Joshua divide as tarefas efetivamente para auxiliar os estudantes a administrarem sua carga cognitiva, a aplicarem e consolidarem um conceito, ajudando, desse modo, a codificá-lo na memória de longo prazo antes de passar para outro conteúdo. E como fica mais fácil para os estudantes se manterem totalmente engajados quando só precisam praticar a autodisciplina do foco por 12 minutos em vez de 40!

Videoclipe: Joshua Humphrey, "Folha de consulta"
apoio.grupoa.com.br/saladeaulaonline

A seguir, como você pode ver no videoclipe, ele demonstra duas técnicas essenciais para estimular o investimento do estudante em lições assíncronas: ele vai direto ao conteúdo e torna a aprendizagem pessoal.

Na aprendizagem *on-line*, a atenção é um bem precioso – nenhum momento deve ser desperdiçado. Ao dar início à sua aula com um objetivo claro, Joshua é capaz de limitar toda a tarefa a menos de 12 minutos e, ainda mais importante, sinalizar aos estudantes que cada um desses minutos é precioso. No entanto, o que é tão brilhante em sua abordagem é que ele usa este *Faça agora* para reforçar a conexão com seus estudantes – uma conexão que está fundamentada na aprendizagem que realizam juntos. Ele mostra seu rosto na tela, olha diretamente para a câmera e dá as orientações com *Economia da linguagem*, cordialidade e um leve toque de informalidade. Quando reafirma o objetivo "Então vocês têm que me falar de todas as partes [de um polinômio], ok? O que elas significam?" em uma linguagem apropriada para as crianças, isso faz com que os estudantes sintam como se realmente estivessem de volta à sala de aula com o Prof. Humphrey. Ele reforça isso com seu sorriso cordial enquanto faz a transição para *Faça agora*: "Para começar, como em todas as aulas [tradicionais]".

Vamos dar uma espiada em outra aula de matemática para um paralelo com crianças menores. Assim como Joshua, Rachel Shin, da Brooklyn RISE Charter School, usa cada momento da instrução assíncrona para maximizar a aprendizagem e reforçar sua relação com seus estudantes da pré-escola. Rachel, como Josh, mantém a estrutura da aula que estabeleceu em sua sala de aula tradicional, passando diretamente para o problema de matemática diário. Ela olha diretamente para a câmera com um sorriso acolhedor, mencionando rapidamente a chuva como uma forma de criar um pequeno desafio: "Mas isso não vai nos impedir de aprender matemática, certo?!". Rachel também é deliberada com sua *Economia da linguagem*, não desperdiçando uma única palavra ou segundo da habilidade de focar dos estudantes, mas seu tom é cordial, e sua linguagem é informal. Como Josh, ela usa o tempo intencionalmente. É presente e humana.

Videoclipe: Rachel Shin, "Bom dia"
apoio.grupoa.com.br/saladeaulaonline

Rachel também usa o problema como um incentivo: o estudante que lhe enviar o melhor trabalho de estratégia sobre seu problema o terá apresentado na aula do dia seguinte. Isso não só faz Nicholas se sentir incrivelmente orgulhoso porque ele e seu LEGO são "famosos" na classe, mas também incentiva seus 23 colegas a prestarem atenção e a trabalharem duro.

Finalmente, quando ela passa para seu "quadro" (uma folha de *flip-chart* colada na janela), sentimos como se de fato estivéssemos em sua sala de aula. Ela alterna entre olhar diretamente para a câmera, os estudantes, e para o quadro, do mesmo modo que faria se estivessem juntos.

Infundindo sua instrução eficiente e focada com cordialidade e presença, tanto Rachel quanto Josh conseguem tirar o máximo do formato assíncrono.

APRENDIZAGEM SÍNCRONA: BENEFÍCIOS E LIMITAÇÕES

Algumas das desvantagens da aprendizagem assíncrona podem ser abordadas por meio da aprendizagem síncrona. Quando bem feita, uma aula síncrona pode verdadeiramente replicar boa parte do clima escolar e engajado de uma sala de aula presencial. As conexões podem ser feitas e mantidas. Os estudantes podem ver seus professores e pares, ao vivo, e interagir com eles em tempo real. Os professores podem mais uma vez "fazer uma leitura da sala", realizar uma *Verificação da compreensão* e responder ao que veem – quem está tendo dificuldades e precisa de mais ajuda. Eles podem saber quando todos entendem o conceito, para que possam aumentar o ritmo ou apresentar um problema mais desafiador.

Na aprendizagem síncrona, há uma probabilidade muito maior de engajamento. Nossa colega Colleen nos contou que sua filha definitivamente não era fã das aulas que aconteciam *on-line*. Até que, um dia, sua professora fez com ela uma chamada *De surpresa*. De repente, ficou animada. Ela se deu conta de que sua professora ainda a vê, sabe que ela está presente e se interessa pela sua resposta.

É claro que as aulas síncronas também têm suas limitações. Como professores, nossas responsabilidades em "casa" e nossas responsabilidades no "trabalho" algumas vezes colidem de uma forma que nunca havia acontecido antes. Já vimos aulas em que os professores estavam com seus filhos pequenos no colo, algumas vezes chorando. (Temos certeza de que isso não estava na descrição original da função!)

Acrescentando mais complexidade, temos o fato de que ter todos *na* aula *e* conectados ao mesmo tempo é muito mais complicado do que cumprimentar uma fila de estudantes no corredor externo. Ter que ensinar por meio da tecnologia representa um desafio adicional à memória de trabalho do professor. Um professor que já faz malabarismos com todas as partes de uma tarefa – transmitindo seu conteúdo, equilibrando os *Meios de participação*, comparando as respostas dos estudantes com seu modelo e tentando projetar cordialidade e calma – agora também tem que abrir espaço no seu cérebro para resolver assuntos tecnológicos sentado à mesa da sua cozinha. Não é de admirar que professores experientes possam se sentir tão sobrecarregados quanto se sentiram em seu primeiro ou segundo ano de ensino.

E, como com a aprendizagem assíncrona, a fadiga da tela e a capacidade de atenção desviada enfraquecem os recursos intelectuais. Embora possa parecer ideal para um estudante dos anos finais do ensino fundamental passar das 9h da manhã até as 3h da tarde *on-line* em aprendizagem síncrona com seus professores, precisamos levar em consideração de quantas sessões pelo Zoom ele pode participar em um dia sem reduzir sua capacidade de atenção.

Embora a aprendizagem síncrona possa, em algum nível, se parecer mais com uma sala de aula, ela não é exatamente a mesma coisa. De fato, muitos desafios da sala de aula são com frequência potencializados por ela. De que forma avaliamos a compreensão, ou damos *feedback*, quando não podemos nos debruçar sobre a mesa de um aluno ou ler por cima do seu ombro? Como os professores monitoram efetivamente o engajamento do estudante ou continuam a desenvolver relações de confiança quando são – professores e estudantes – minúsculos quadros na tela? Esses desafios são difíceis de superar, mas não impossíveis. A tarefa síncrona do ensino remoto de Eric Snider em *One crazy summer*, de Rita Williams-Garcia, na Achievement First Iluminar Mayoral Academy Middle School é a prova.

Videoclipe: Eric Snider, "Perspectiva sobre poesia"
apoio.grupoa.com.br/saladeaulaonline

Aprendizagem assíncrona	Aprendizagem síncrona
Benefícios	
• Produto mais bem acabado • Professores e estudantes controlam seu próprio horário/ritmo • Possibilidade de tarefas mais continuadas e complexas	• Constrói/mantém conexões • Verifica a compreensão e responde ao erro em tempo real • Permite maior engajamento
Limites	
• Não é possível avaliar o engajamento/ compreensão em tempo real • Menos conexão e menos controle • Impacto desigual, com os estudantes com dificuldades sofrendo mais • Fadiga da tela • Decréscimo na atenção	• Horários coordenados • Questões tecnológicas/acesso interrompem a aprendizagem • Fadiga da tela • Decréscimo na atenção

Na tarefa, Eric habilmente faz uma transição das melhores práticas da sua sala de aula tradicional para sua instrução remota síncrona. Ele começa sua aula síncrona do mesmo modo que sua aula real, dando as boas-vindas a cada estudante, chamando-os pelo nome à medida que aparecem na sala do Zoom – ele até mesmo faz referência ao aniversário próximo de um deles e ao novo corte do cabelo de outro, mantendo as relações que já haviam construído. Eles vão direto para *Faça agora*, lendo independentemente uma entrevista de três parágrafos com a romancista e respondendo a duas perguntas.

Como se trata de uma aula síncrona, Eric pode avaliar a compreensão dos estudantes em tempo real. Observe-o fazendo isso primeiramente agradecendo aos estudantes à medida que respondem no *chat* à pergunta de múltipla escolha; sua narrativa transmite a cada estudante: "Estou vendo seu trabalho e ele é importante", mas também os ajuda a se sentirem fazendo parte de uma turma, "vendo" seus pares trabalhando duro ao seu lado. Depois ele avalia a compreensão do grupo todo, fazendo a observação de que "80% de nós acertamos", e passa a explicar as respostas correta e incorreta, remetendo os estudantes ao texto e destacando as evidências apropriadas. Um ciclo de *feedback* tão rápido só é possível em uma aula síncrona, em que o professor pode avaliar a compreensão, diagnosticar e corrigir a confusão e assegurar-se de que todos os estudantes estão preparados para o sucesso à medida que prosseguem na tarefa.

CONSTRUINDO UM MODELO SINERGÍSTICO

O conhecimento das diferenças entre os tipos de aprendizagem permite que os professores os equilibrem estrategicamente para maximizar a aprendizagem do estudante. Como as aprendizagens síncrona e assíncrona apoiam uma à outra? Qual delas é mais ou menos apropriada às necessidades dos estudantes? Como podemos impulsioná-las em sinergia uma com a outra?

Assim como fazem quando planejam uma aula tradicional, os professores precisam ter o contexto em mente ao decidir como ensinar. Variáveis como a idade e as habilidades dos estudantes, a disciplina, o objetivo diário, a natureza do conteúdo (material novo ou revisão) e a época do ano (começando a aula remotamente ou passando para a instrução remota na metade do ano) devem guiar as decisões sobre quando, onde e como maximizar os benefícios e minimizar as limitações de cada tipo de aprendizagem.

As coisas que mais amamos sobre o ensino parecem se transferir melhor para a instrução síncrona. As aulas síncronas parecem ser o melhor lugar para estabelecer e manter a relação acadêmica de confiança entre estudantes e professor. A discussão, por exemplo, só pode existir em uma aula síncrona. Assim, as aulas que geralmente reservamos para discussão e debate, as interações que os estudantes precisam ter entre si para testar e refinar suas ideias, são síncronas. Um material desafiador, como um novo conceito em matemática ou uma leitura especialmente complicada, também é favorecido.

No entanto, antes de passarmos para um modelo "mais síncrono possível", é importante ter em mente três fatores. Primeiro, pode ser desafiador treinar ou encontrar o professor unicórnio que se sobressai nas habilidades da instrução tradicional (transmissão do conteúdo, estratégias de engajamento, manejo na sala de aula) e tem o conhecimento de tecnologia necessário para lidar com telas e plataformas a fim de transmitir uma instrução síncrona de alta qualidade e envolvente. A instrução assíncrona permite mais espaço para treinamento e *feedback* antes de ir ao ar – e tantas tentativas quantas forem necessárias para assegurar um produto final de alta qualidade.

Segundo, como já mencionamos, a fadiga da tela é uma coisa real, tanto para os professores e outros adultos quanto para as crianças. Não parece agora que estudantes de qualquer idade (ou seus educadores, passando seus dias em múltiplas horas de sessões profissionais) consigam ainda se concentrar plenamente na sexta hora de instrução *on-line*, não importando o quanto o professor seja envolvente ou talentoso. A aprendizagem assíncrona permite que os aprendizes trabalhem em diferentes ritmos. Não apenas isso, mas também permite que realizem suas tarefas de aprendizagem totalmente desconectados – uma condição com tremendos benefícios para a atenção.

Terceiro, um dos maiores benefícios e desafios da instrução síncrona é que todos os participantes precisam estar presentes ao mesmo tempo. Se a sua classe se constitui de estudantes do ensino médio que são trabalhadores essenciais, então a aprendizagem assíncrona passa a ser uma necessidade. Se você trabalha com uma equipe de professores, todos ou a maioria dos quais têm filhos pequenos ou em idade escolar em casa e que também estão na escola virtual, a instrução síncrona o dia inteiro pode também se revelar excepcionalmente desafiadora. Encontrar maneiras de maximizar as sinergias entre instrução assíncrona e síncrona provavelmente produzirá os resultados de aprendizagem mais bem-sucedidos para o maior número de estudantes.

Nossos colegas nas Uncommon Schools exploraram diversas estruturas potenciais para um modelo híbrido. Em uma das abordagens, um professor líder (chefe de departamento ou líder instrucional)* grava uma aula assíncrona a que todos os estudantes assistem, independentemente de ele ser ou não professor deles durante o ano letivo. Por exemplo, um professor notável de ciências dos anos finais do ensino fundamental em Boston gravaria a aula que seria assistida por todos os estudantes de ciências cursando o mesmo ano em Boston, Newark e Brooklin. Os estudantes então apresentam o trabalho referente àquela aula diretamente ao seu próprio professor em sala de aula, o qual lhes dá *feedback* em um fórum no Google Classroom e também via chamadas telefônicas quinzenais. Desse modo, uma variedade de opções síncronas apoia a aprendizagem assíncrona, e o capital humano é maximizado. Todos os estudantes com planos de aprendizagem individualizados, além daqueles que precisam de assistência adicional, são então agendados para participar de sessões síncronas diárias em pequeno grupo para garantir que progridam em direção aos seus objetivos de aprendizagem. Em outro suporte para aprendizagem síncrona, os estudantes que tiveram dificuldades com uma habilidade particular precisam participar de uma sessão ao vivo em que o material desafiador é reexplicado e juntos os estudantes realizam uma prática adicional. Por último, todos os professores oferecem "horários de expediente" ao vivo para seus estudantes participarem sincronamente. Alguns estudantes optam por participar desses horários, e outros são convidados ou convocados pelo seu professor.

Também já ouvimos falar de escolas que fornecem instrução com conteúdo inteiramente assíncrono e oportunidades síncronas para se reunirem como uma comunidade a fim de comemorar o sucesso, processar desafios ou discutir acontecimentos atuais. Muitas escolas usaram a equipe pedagógica para facilitar esses momentos de construção da comunidade síncrona.

---

* N. de R.T.: O líder instrucional normalmente é o diretor da escola, mas pode ser um professor designado para essa função em virtude de seu notório saber.

Outra forma de combinar o melhor da instrução síncrona e assíncrona é considerar o modelo de uma "sala de aula invertida", onde toda a instrução acontece por meio de vídeos assíncronos e todo o tempo "ao vivo" é usado para prática apoiada, discussão e correção. Nesse modelo, os estudantes são responsáveis por vir para a aula já tendo, no mínimo, assistido ao vídeo com instrução direta assíncrona e potencialmente tendo realizado um pouco de trabalho independente para servir como forma rápida para seu professor avaliar seus níveis de domínio do conteúdo antes do momento de prática em grupo.

Se você está lendo este livro como um professor individual, então esses tipos de decisões estruturais podem estar fora do seu controle. No entanto, a combinação ideal de aprendizagem assíncrona e síncrona para a sua sala de aula ainda pode depender de você. Para isso, vamos retornar à aula sobre *One crazy summer*, de Eric Snider. Depois do *Faça agora*, Eric executa um trecho de um audiolivro enquanto os estudantes acompanham lendo, depois organiza o trabalho independente – trabalho que acontecerá assincronamente, mas ainda ao vivo. Ele carimba esse momento como "o momento do clímax" e está cheio de perguntas que fazem isso parecer fascinante ("Por que Fern fica latindo?") e um grande problema ("E se preparem para uma reviravolta no enredo enquanto leem, agora sozinhos.").

Videoclipe: Eric Snider, "Fusão síncrona-assíncrona"
apoio.grupoa.com.br/saladeaulaonline

As orientações claras de Eric para a tarefa permanecem na tela para os estudantes enquanto eles se voltam para suas tarefas independentes. Ele alavanca a instrução síncrona para reforçar o foco e a atenção com sua narrativa acolhedora ("Estou vendo Armani") e pede que os estudantes "avisem pelo *chat*" se precisarem de mais tempo. Eric estrutura a última parte da aula como um período de tempo para trabalharem em silêncio e sem interrupção enquanto monitora o que os estudantes digitam em seus documentos. Dez minutos antes de terminar a aula, ele narra o que vê: "Eu vejo Jazleene digitando a sua resposta para nossa questão sobre o Bilhete de Saída... e também Jaylee e Jordan D" e "Vejo Jame, ela está se aprofundando no texto e relê buscando evidências, muito esperta, Jame". Eric e seus estudantes mantêm o engajamento e a responsabilidade até o fim, e os ecos da sala de aula são abundantes.

PLANEJAMENTO: O QUE É ESSENCIAL SE TORNA CRUCIAL

O planejamento para aprendizagem remota se baseia em muitas das mesmas técnicas em que se baseia o professor na sala de aula. Mesmo assim, é fácil subestimar o quanto o planejamento pode ajudar a preparar o professor para o sucesso. É verdade, por um lado, que você não tem que manusear o projetor que está lá no alto enquanto o telefone em classe está tocando e Sasha quer ir ao banheiro (de novo!). Por outro lado, você estará tentando ensinar enquanto também está lidando com o PowerPoint, tentando ler as conversas dos estudantes e tentando avaliar a compreensão e o engajamento através das minúsculas janelas que aparecem na tela. Para isso, estar pronto significa ter modelos por escrito, usar *Economia da linguagem*, imprimir um ritmo apropriado, impulsionar o *Tempo de espera*, variar os *Meios de participação* e internalizar a tarefa antes de gravar ou ir ao ar. Descobrimos que a importância dos dois componentes do planejamento comentados a seguir é amplificada na aprendizagem *on-line*:

1. **Leia todo o seu plano de aula, mesmo que tenha sido escrito para salas de aula tradicionais.** Embora você possa repriorizar e adequar o conteúdo à aprendizagem virtual, isso é muito difícil de fazer corretamente sem a leitura do plano completo. Além do mais, no ensino remoto, a linguagem intencional do professor conectando uma tarefa à outra, ou explicando claramente o propósito de uma atividade particular, se torna o mais importante. Não é possível para os professores fazer com que o propósito de uma tarefa "apareça" sem que eles tenham o contexto integral – sem definir por que ele é importante e como está coneado ao plano maior.
2. **Complete todos os materiais dos estudantes como se você fosse um ótimo aluno, criando um pacote exemplar.** Esse processo o ajuda a ter uma visão geral de como será o domínio que os estudantes terão do conteúdo, possibilitando que você os oriente com maior precisão. Também é sua tática mais valiosa prever as concepções equivocadas dos estudantes.

A importância de criar um modelo é amplificada para a aprendizagem *on-line*. Ao avaliar a compreensão via *chat* enquanto tenta administrar virtualmente 25 crianças de 10 anos de idade, você precisa de um modelo preciso e claro para consultar. Especialmente se está ministrando instrução assíncrona e não consegue ler rostos confusos ou mãos erguidas com convicção, você precisa ter previsto minuciosamente a confusão entre os estudantes e responder antecipadamente a isso na sua instrução. Quando está em uma chamada *De surpresa* e ouvindo os estudantes responderem por meio de um áudio ocasionalmente truncado, com ruído de fundo competindo ou com participação relutante, saber exatamente o que constitui uma resposta verbal de sucesso é essencial. A memória de trabalho não deve ser desperdiçada. Estar preparado para superar com sucesso os desafios únicos da instrução remota significa já começar com um profundo conhecimento do conteúdo que você está ensinando.

Um último elemento do planejamento pode ser particularmente crítico em ambientes remotos, tanto síncronos quanto assíncronos, onde a tela desempenha um papel muito mais importante. Há muita força na utilização de imagens, mas a configuração certa é essencial.

Em seu notável livro *Teachers vs tech?*, Daisy Christodoulou resume dois princípios de Richard Mayer da aprendizagem multimídia. O primeiro é o efeito da atenção dividida. Integrar texto e imagens de modo que o texto apareça em pequenas porções no momento e no lugar apropriados e "narre" a imagem permite que os estudantes foquem sua memória de trabalho nos conceitos mais importantes. Isso é muito mais efetivo do que apresentar uma longa descrição e uma imagem para ilustrá-la. Integre as duas.

O segundo princípio que Christodoulou recomenda aos professores é o princípio da redundância. Bons gráficos educativos removem todo o conteúdo estranho para permitir que os estudantes foquem no que é importante. Isso com frequência significa aproveitar imagens de outros recursos e simplificá-las, em vez de meramente recortá-las e colá-las. A aula de matemática de Joshua Humphrey na KIPP St. Louis é um ótimo exemplo. Observe como seus gráficos são simplificados – como os pequenos destaques aparecem para apoiar sua narração e focar os estudantes na parte relevante da sua folha de consulta.

Videoclipe: Joshua Humphrey, "Folha de consulta"
apoio.grupoa.com.br/saladeaulaonline

Depois que preparou detalhadamente o conteúdo da sua aula, é hora de focar no seu processo de ensino: como traduzir a aprendizagem que aconteceria em uma sala de aula para um contexto síncrono ou assíncrono. É aqui que os desafios do planejamento efetivo se multiplicam de formas previamente desconhecidas. É importante considerar o seguinte:

- Você determinou como irá responsabilizar os estudantes pela realização do trabalho? Em outras palavras, como pode ter certeza de que eles realmente irão pegar seus lápis?
- Você foi intencional quanto ao estabelecimento e fornecimento da preciosa relação de aprendizagem interativa entre professor e estudante que ainda existe, apesar das telas entre nós?
- Você simplificou e priorizou o conteúdo em resposta ao desafio real da atenção em uma cultura remota?

Nossa expectativa é que os demais capítulos deste livro lhe forneçam estrutura e contexto para enfrentar os desafios peculiares do planejamento para instrução virtual.

APRENDIZAGEM SÍNCRONA E ASSÍNCRONA: REVISÃO

Em geral, a aprendizagem remota assume duas formas: assíncrona (em diferentes momentos, em diferentes lugares) e síncrona (ao mesmo tempo, no mesmo "lugar").

- **Aprendizagem assíncrona: benefícios e limitações:** A aprendizagem assíncrona dá aos professores mais controle sobre o produto final e aos estudantes mais controle sobre quando e onde eles aprendem. Ela também é escalável, significando que pode ser usada em várias classes. As desvantagens têm a ver com uma habilidade limitada para avaliar o engajamento e sentir a conectividade entre os pares.
- **Aprendizagem síncrona: benefícios e limitações:** Quando bem feitas, as aulas síncronas conseguem replicar muito da mágica das salas de aula tradicionais. No entanto, elas podem ser logisticamente complexas, sobretudo para professores com filhos em casa.
- **Construindo um modelo sinergístico:** Os dois tipos de aprendizagem têm benefícios e limitações. O segredo é encontrar uma forma de obter o máximo de ambos e explorar as sinergias naturais entre eles.
- **Planejamento: o que é essencial se torna crucial:** O planejamento é ainda mais importante *on-line* do que presencialmente. Estar "pronto" no ensino remoto geralmente significa ter modelos por escrito, usar *Economia da linguagem*, imprimir um ritmo apropriado, impulsionar o *Tempo de espera*, variar os *Meios de participação* e internalizar a tarefa antes de gravar ou entrar no ar.

2

DISSOLUÇÃO DA TELA

JEN RUGANI
KEVIN GRIJALVA

Ficamos muito felizes quando nossas salas de aula tradicionais vibram com a energia intelectual construída com base na confiança, no respeito e no senso de comunidade. Gestos de apreciação e reconhecimento – um "toca aqui", uma estrela ou um sinal ao lado de uma resposta exemplar, um "bom trabalho" entusiasmado quando um estudante corrige um erro – transmitem aos nossos estudantes a mensagem de que reconhecemos seus esforços, acolhemos sua participação e nos preocupamos com seu bem-estar. Dentro das quatro paredes de nossas salas de aula, criamos espaços de aprendizagem onde os estudantes se sentem ligados a nós, e vice-versa. Fazer isso é essencial para os resultados dos estudantes e também uma das partes mais gratificantes do trabalho. Como, então, continuamos a construir e manter nossas conexões com eles quando precisamos deixar para trás as quatro paredes das nossas salas de aula?

Quando não podemos habitar o mesmo espaço físico, a conexão parece mais difícil – e realmente é. A robusta cultura que passamos meses desenvolvendo e os milhões de conexões que formam as bases das nossas relações com nossos estudantes de repente parecem tão distantes e além do nosso alcance. Os milhares de sinais que podemos transmitir a um estudante, possibilitados pela configuração do espaço da sala de aula, as sutilezas da nossa linguagem corporal e a influência dos pares estão agora limitados a minúsculas janelas no canto da sua tela, tendo apenas nossos rostos visíveis e suas vozes frequentemente no modo silencioso.

Quando inicialmente mudamos para o ensino remoto, o grau em que seríamos capazes de desenvolver e manter conexões com nossos estudantes era uma fonte de ansiedade. Ficávamos preocupados com o que aconteceria às culturas da sala de aula e às conexões estudante-professor nas escolas virtuais.

Felizmente, à medida que começamos a assistir a vídeos de professores e estudantes se adaptando ao ensino remoto, ficamos entusiasmados e aliviados ao ver que *era* possível construir e manter relações, mesmo que pela tela de um computador. Em alguns clipes a que assistimos, de repente era quase como se estivéssemos em uma sala de aula – era um pouco mais fácil esquecer a distância entre professor e estudante. À medida que continuamos a ver cada vez mais desses momentos de conexão, começamos a nos referir a eles usando o termo "dissolução da tela".

Dissolver a tela é aumentar e fortalecer a consciência dos estudantes acerca da troca e da interação que ainda existem entre seu professor e eles. Não é meramente conectar-se para deixar que as crianças saibam que nos preocupamos com elas (embora esperemos que haja muito disso). É estabelecer uma conexão por meio do trabalho para que elas se sintam responsáveis e conectadas ao mesmo tempo. A dissolução da tela transmite uma mensagem clara: "Eu estou vendo o trabalho que vocês estão fazendo, e isso é importante. Vocês contribuem para a cultura da sala de aula quando assumem o controle da sua aprendizagem e são bem-sucedidos. Quando estão engajados no processo de aprendizagem, estamos conectados, porque eu noto e valorizo o trabalho de vocês – e talvez encontre felicidade nisso, também".

É importante enfatizar o foco em se conectar academicamente e por meio do conteúdo. Uma dificuldade potencial é permitir que a ansiedade quanto à manutenção das relações pessoais crie ambientes em que a aprendizagem seja uma questão secundária. Ou seja, 30 minutos que deveriam ser dedicados à lição de matemática se tornam, em vez disso, uma chamada de vídeo social com não muita coisa realizada. Ironicamente, isso não só prejudica a aprendizagem, mas também as próprias relações que procuramos priorizar. A menos que o propósito de estar juntos seja reforçado por meio do ensino, não ganharemos o respeito dos estudantes e isso minará nossa possibilidade de construir relações significativas com eles.

Embora obviamente existam muitas maneiras pelas quais podemos demonstrar aos estudantes nosso investimento neles e em suas famílias (e abordaremos brevemente algumas ideias na Seção "Além da tela", neste capítulo), a forma mais poderosa de comunicarmos nosso interesse é ensinando bem. Competência é uma das formas essenciais por meio das quais os professores constroem confiança, portanto o segredo é ensinar de uma forma que crie conexões.

A dissolução da tela é especialmente crucial em uma época em que os recursos para aprendizagem *on-line* e por vídeo são abundantes. Embora possa ser fácil enviar aos estudantes um *link* para acesso a um vídeo da Khan Academy e encerrar o assunto, há uma diferença importante entre obter informações por meio de um vídeo e sentir-se parte de uma comunidade de sala de aula *on-line*. Há muitas formas pelas quais os estudantes podem aprender *on-line*, mas a dissolução da tela é a ferramenta que nos permite criar culturas remotas de sala de aula vibrantes e engajadas.

Em última análise, este é um ato de fé. Todos nós estamos sentados em casa na frente de nossos computadores, e a distância entre nós é real. Sentimos a ausência uns dos outros, mesmo que estejamos presentes na tela. Nossos estudantes sentem isso em grau ainda maior. Mas a dissolução da tela os faz lembrar que somos seres humanos e que estamos aqui para eles, que vemos e valorizamos que eles são seres humanos e estão aqui para nós, e que juntos iremos continuar a aprender.

Bem-sucedidos, seguros, conhecidos: uma base para as relações

Nos últimos anos, nossa equipe propôs uma base por meio da qual refletir sobre a construção e a manutenção das relações entre estudante e professor. Consideramos que isso é especialmente válido nesses tempos de ensino remoto: quando as relações entre estudante e professor são fortes, os estudantes se sentem bem-sucedidos, seguros e conhecidos.

- Bem-sucedidos: Os estudantes se conectam com os professores que os impulsionam para que sintam sucesso genuíno e autêntico. Um resultado autêntico é fundamental, pois os estudantes são astutos para distinguir entre realizações fáceis e vazias e aquelas que os impulsionaram para novos níveis de aprendizagem. A confiança é um subproduto; ela emerge quando os estudantes sentem e acreditam que o professor é um guia capaz e competente para avançarem intelectualmente e navegarem com sucesso no mundo da escola.
- Seguros: Os estudantes se conectam com os professores e acreditam naqueles que fazem com que eles e seus pares se sintam física, emocional e intelectualmente seguros.
- Conhecidos: Os estudantes respondem positivamente e se sentem conectados quando o professor reconhece e comemora o que é diferenciado em seu trabalho ou sua identidade, e quando ele enxerga além do seu comportamento ou das suas conquistas atuais para ver quem eles são e quem podem se tornar.

ECOS DA SALA DE AULA

Um dos primeiros vídeos de ensino remoto a que assistimos foi o de Rachel Shin, uma professora de pré-escola e anos iniciais do ensino fundamental na Brooklyn

RISE Charter School, em Nova York. Nessa aula, Rachel está introduzindo um problema de matemática para seus estudantes resolverem. Tudo no clipe é caloroso e tranquilizador; ela é animada, familiar e receptiva, e vê-la na tela transmite calma. Esta é uma captura de tela da sua aula:

Ela está sorrindo, é claro, mas também observe sua linguagem corporal; ela se inclina em direção à câmera quase como se estivesse parada ao lado da mesa de um estudante. Ao assistir Rachel no vídeo, é fácil imaginarmos que estamos em sua sala de aula. Ela "age como se" os estudantes estivessem bem ali na sala com ela, até mesmo lhes dando a chance de lhe mostrar "polegares para cima" antes de responder um gentil "ótimo", com uma risada. Quando organiza os estudantes para resolver o problema, ela acrescenta um incentivo para mantê-los assistindo: "Temos um desafio rápido no fim deste vídeo; assistam ao resto do vídeo para descobrir o que é!". Rachel mantém uma rotina que seus estudantes conhecem: Eles vão corrigir o problema de matemática do dia "como fizemos ontem juntos". Ela até entra na cadência normal da sua sala de aula ("sublinhem minhas uuuunidades!") para permitir que os estudantes cantem junto com ela enquanto assistem. O ato de fé aqui é que, oferecendo aos estudantes alguma coisa que eles reconhecem, será mais provável que eles se engajem e participem.

▶ **VÍDEO**

Videoclipe: Rachel Shin, "Problemas de matemática"
apoio.grupoa.com.br/saladeaulaonline

A aula de matemática de Joshua Humphrey, da KIPP St. Louis High School, é um ótimo exemplo dessa ideia convertida para uso com estudantes mais velhos. Devemos continuar lembrando, enquanto assistimos ao vídeo, que Joshua está sentado sozinho na sua sala de estar enquanto grava essa aula sobre a tradução de expressões verbais. Parece que ele está falando somente com você, o que reforça a ideia de que, *mesmo assincronamente, as relações são importantes*. Ele se preparou cuidadosamente, mas não está excessivamente programado. A decisão de Joshua de reiterar os objetivos em termos coloquiais (*"Então vocês têm que me falar de todas as partes [de um polinômio], ok? O que elas significam?"*) é um exemplo forte do tipo de coisa que você poderia fazer se realmente estivesse na sala com os estudantes.

> ▶ **VÍDEO**
>
> **Videoclipe: Joshua Humphrey, "Traduzindo expressões verbais"**
> apoio.grupoa.com.br/saladeaulaonline

Em muitos dos nossos momentos favoritos da dissolução da tela, o tema que permanece é o sentimento de normalidade e continuidade. Apesar da estranheza das circunstâncias, professores como Rachel e Joshua fazem os estudantes se lembrarem das salas de aula que uma vez compartilharam (e irão compartilhar de novo!). Quando Joshua introduz *Faça agora*, ele diz: "Para começar, como em todas as aulas, vocês têm um *Faça agora*". O contexto pode ser diferente, mas existe segurança e tranquilidade na estrutura. Eles retiram o máximo que podem das suas salas de aula físicas e as fazem ganhar vida por meio dos seus vídeos. Os ecos de suas salas de aula reverberam a partir da sua instrução.

Manter o máximo possível a continuidade da sala de aula tradicional, em que (na maioria dos casos) os estudantes passaram anos, pode contribuir muito para a dissolução da tela para os estudantes. Leve em consideração as formas de configurar seu espaço de ensino, a apresentação dos materiais e os materiais de trabalho dos estudantes em sintonia com os sistemas familiares de modo que eles se sintam mais confortáveis e confiantes para lidar com o trabalho da aula. Até mesmo apresentar imagens das suas anotações escritas à mão em vez de digitadas é uma oportunidade para conexão a partir da familiaridade: *Esta é a letra do meu professor!*

Além da configuração física do espaço e dos materiais, é importante, como faz Rachel, "agir como se" você estivesse na sala de aula. Você pode usar pistas verbais e não verbais consistentes, vestir-se profissionalmente enquanto faz as gravações ou ficar de pé enquanto ensina. Sean Reap, um professor de Inglês dos anos finais do ensino fundamental na Bedford Stuyvesant Collegiate, no Brooklyn, usa um tom informal enquanto resume um capítulo de *O sol é para todos* (*To kill a mockingbird*). Ele está imaginando claramente as caras animadas dos estudantes enquanto exclama "E então ela o comeu! Ela está louca?". Sean envolve os estudantes imediatamente e faz o livro parecer atraente; fazer sua leitura em conjunto é uma dádiva. Mas ele não exagera nisso, e direciona seu entusiasmo harmoniosamente em direções claras para preparar os estudantes para o trabalho do dia.

> ▶ **VÍDEO**
>
> **Videoclipe: Sean Reap, "E então ela o comeu"**
> apoio.grupoa.com.br/saladeaulaonline

Existe alguma suspensão da descrença aqui, especialmente para as crianças maiores – é claro que Sean e seus estudantes sabem que essa não é de fato uma conversa, assim como os estudantes de Rachel podem ou não mostrar realmente para sua tela os polegares para cima. Mas acreditamos que existe valor em fazer um esforço extra para "se exibir" (assim como faríamos em nossas salas de aula tradicionais) a fim de aumentar o engajamento, conectar-se por meio do conteúdo e aumentar o impacto do nosso ensino remoto.

VENDO OS ESTUDANTES E SUAS TAREFAS

Trazer elementos das nossas salas de aula físicas para nossas aulas remotas é apenas um aspecto da dissolução da tela para criar conexão. Em nossas salas de aula tradicionais, uma das ferramentas mais poderosas que temos para nos conectarmos é nossa habilidade para "medir a temperatura" da aprendizagem e da cultura na sala. Presencialmente, em geral nos baseamos em centenas de pistas sutis – alterações na linguagem corporal, uma mudança na expressão facial – para nos ajudar a avaliar o sucesso ou as dificuldades dos nossos estudantes. Nós circulamos e monitoramos suas respostas durante o tempo de trabalho independente. Damos *feedback* e adaptamos nossa instrução de acordo com isso. Em um ambiente remoto, é muito mais difícil "ler a sala" e ver em tempo real onde os estudantes estão tendo sucesso e onde estão tendo dificuldades.

Para podermos nos conectar com nossos estudantes a partir do seu trabalho em um ambiente remoto, precisamos encontrar maneiras de "ver" mais efetivamente a eles e a seus esforços. Isso significa que precisamos criar o ambiente de aprendizagem de modo a maximizar nossa capacidade de monitorar o pensamento e a aprendizagem dos estudantes para que possamos responder de forma apoiadora e efetiva. Isso é desafiador em ambientes síncronos, quando nossos estudantes aparecem através de uma minúscula janela na tela, e é duplamente desafiador na aprendizagem assíncrona, quando literalmente não podemos vê-los. A seguir apresentamos algumas das melhores práticas que coletamos quando refletimos sobre a concepção de nossas salas de aula *on-line* para "vermos" melhor os estudantes e seu trabalho.

Aprendizagem Síncrona. Em um ambiente síncrono, é importante usar todas as ferramentas à sua disposição. Assim como nas salas de aula físicas, algumas vezes é necessário usar múltiplas ferramentas e técnicas durante uma aula para obter o panorama completo.

- **Câmera ligada, rosto visível:** Criar uma expectativa de que os estudantes manterão suas câmeras ligadas, com seu rosto visível, não somente nos permite ver nossos estudantes, mas também permite que eles vejam uns aos outros. Isso pode reforçar o sentimento de conexão em uma sala de aula virtual e criar um senso de comunidade e responsabilidade para os estudantes. Durante discussões com o grupo inteiro, considere pausar um compartilhamento da tela e mudar para uma "exibição em galeria", de modo que o máximo possível de rostos esteja visível ao mesmo tempo. Isso permite que você e seus estudantes falem diretamente uns com os outros e também o ajuda a notar mais facilmente as pistas visuais que lhe permitem avaliar o teor da discussão. Talvez você elogie um estudante que vem acenando com a cabeça ao longo da discussão, ou faça uma chamada *De surpresa* a um estudante que liga e desliga o som, mas parece hesitante em seguir em frente com a sua ideia.
- ***Chats* privados/públicos:** O recurso do *chat* encontrado em muitas plataformas de aprendizagem *on-line* pode ajudar a otimizar a legibilidade da aprendizagem de várias maneiras. *Chats* públicos, ou *chats* com todos, permitem que tanto você quanto os estudantes vejam o pensamento acontecer em um tempo real e criem um registro de pensamentos que todos possam consultar posteriormente. Os *chats* privados entre você e os estudantes individualmente são úteis para possibilitar um espaço para eles pensarem por escrito sem medo de embaraço, ao mesmo tempo permitindo que você forneça *feedback* individual. Para estudantes mais jovens ou digitadores menos confiantes, você pode planejar estímulos que solicitem apenas uma palavra ou frase como resposta.

- **Sondagens:** Alguns programas têm ferramentas que lhe permitem criar sondagens para os estudantes responderem com o clique de um botão, o que é uma ótima opção *high-tech* para medir a temperatura da sua classe. Também gostamos muito de soluções *low-tech* que podem ser particularmente úteis com estudantes mais jovens (p. ex., "Mostrem-me seus polegares para cima ou para baixo: vocês concordam com o que seu colega disse?", "Levantem um dedo para a resposta A, dois dedos para a resposta B ou três dedos para a resposta C").
- **Mostre-me:** Outra opção relativamente de baixa tecnologia para tornar visível o pensamento dos estudantes é usar a técnica *Mostre-me*, em que os estudantes trabalham independentemente em uma folha de papel ou em um pequeno quadro branco e depois erguem seu trabalho, mostrando-o para a câmera.

Aprendizagem Assíncrona. Para verificar o pensamento do estudante em resposta a uma aula assíncrona, é preciso que os estudantes nos enviem peças desse pensamento. Ao criarmos o ambiente de aprendizagem, precisamos maximizar a probabilidade de os estudantes quererem se engajar e apresentar as tarefas que lhes pedimos para fazer. Você pode considerar:

- **Métodos variados de apresentação:** Varie as formas pelas quais você pede que os estudantes apresentem o trabalho. Eles podem mandar a resposta por mensagem de texto, tirar uma foto do seu trabalho manuscrito, enviar um *e-mail*, gravar um áudio, etc. Você pode oferecer várias opções de apresentação para a mesma tarefa com base no acesso que os estudantes têm à tecnologia. Oferecer variedade também pode evitar que a apresentação do trabalho seja feita fora do prazo e o ajuda a administrar melhor a entrada de mensagens.
- **Perguntas de autorreflexão:** Além de perguntas determinadas pelo conteúdo ("Mande-me por texto sua resposta à pergunta nº 4"), perguntas de autorreflexão ("Mande para mim um *e-mail* com uma área em que você fez progresso e alguma coisa em que você ainda está tendo dificuldades") podem ser igualmente valiosas para nos ajudar a entender o progresso da classe e "medir a temperatura" da aprendizagem.
- **Desafio:** Apresente desafios e incentivos para que os estudantes *queiram* lhe mostrar o que fizeram. Nossa colega Kim Griffith faz isso lindamente em um teste assíncrono de *Prática da recuperação*. Mesmo suas primeiras palavras ("Muito bem, turma") comunicam um sentimento de união e talvez um pouco de competição, e ela traz para a tarefa um tipo de energia daquelas apresentadoras de jogos na televisão. ("Vamos ver quantas vocês acertam. Aí vai!") No final do clipe, ela desafia os estudantes: "Anotem

essa pontuação para que na próxima *Prática da recuperação* vocês repitam ou superem essa pontuação. Mal posso esperar para ver a próxima!". Essa é uma forma poderosa não somente de comunicar a importância de ter controle da própria aprendizagem, mas também de reforçar a previsibilidade e a responsabilidade. Vamos fazer isso de novo, Kim deixa bem claro, e é importante monitorarem seu trabalho. Depois de assistir ao clipe de Kim, um professor comentou: "Kim não apenas dissolve a tela – ela a explode!". Rachel Shin fornece outro exemplo de Desafio assíncrono quando diz aos seus estudantes que a primeira pessoa que enviar seu trabalho será apresentada na aula do dia seguinte. Note que Rachel está incentivando a realização do trabalho, não necessariamente sua exatidão, sutilmente sugerindo que o que ela valoriza é o esforço – o trabalho incorreto será tão importante quanto o trabalho correto.

> ▶ **VÍDEO**
>
> **Videoclipe: Kim Griffith, "A burguesia"**
> apoio.grupoa.com.br/saladeaulaonline
> **Videoclipe: Rachel Shin, "LEGO"**
> apoio.grupoa.com.br/saladeaulaonline

RECONHECER E RESPONDER

Depois que criamos um ambiente que nos permita ver nossos estudantes e seu trabalho, precisamos reconhecer seus esforços. Os estudantes têm muito maior probabilidade de se desconectar – tanto literal quanto figurativamente – se estivermos a todo momento lhes pedindo para produzir trabalhos que não reconhecemos. Existem algumas técnicas do mundo tradicional que achamos serem especialmente úteis *on-line* para que os estudantes saibam que vemos e valorizamos seus esforços.

- **Discurso positivo:** Para construir e manter a dinâmica em um ambiente de aula remoto, é muito útil citar e reconhecer os estudantes que estão atingindo e ultrapassando suas expectativas. Eric Snider demonstra o poder do discurso positivo em sua aula síncrona de leitura com seus estudantes na Achievement First Iluminar Mayoral Academy Middle School, em Cranston, Rhode Island. Os estudantes de Eric estão lendo *One crazy summer*, de Rita Williams-Garcia, e ele acompanha uma seção da leitura com uma série de verificações da compreensão. Assim que pede para os estudantes se engajarem, começa a dar um rápido reconhecimento verbal pelas participações que vê: "Obrigado, Lisa, obrigado, Juwaun, obrigado, Elsie". Ele faz os estudantes se sentirem vistos quando trabalham com afinco e normaliza o engajamento ativo ajudando-os a verem tudo que está à sua volta. Discurso positivo funciona também em aulas assíncronas, quando os professores citam e agradecem os estudantes que apresentaram um trabalho sólido ou se engajaram comprovadamente na aprendizagem desse conteúdo na última aula.

> ▶ **VÍDEO**
>
> **Videoclipe: Eric Snider, "Delphine sente-se orgulhosa"**
> apoio.grupoa.com.br/saladeaulaonline

- **Reconhecimento *versus* elogio**: É importante manter um equilíbrio sadio entre reconhecimento e elogio. Pode ser tentador, nestas circunstâncias difíceis, exagerar ao acumular elogios pelas contribuições dos seus estudantes. Mas, assim como em nossas salas de aula físicas, elogios excessivos para comportamentos rotineiros diluem a força do elogio verdadeiro e podem inadvertidamente trazer à ideia um baixo limiar para a participação. O vídeo de Eric Snider destaca muito bem a diferença: embora ele agradeça a cada estudante pela sua participação, note como elogia Armani: "Gostei da mensagem, obrigado, cara. Superou as expectativas". Esse momento é mais especial para Armani porque pode confiar que o elogio de Eric é genuíno e merecido.
- **Chamada De surpresa estratégica:** Mesmo quando seus estudantes estão conectados na sua sala de aula virtual, é fácil se sentirem anônimos. Meu professor sabe que estou aqui? Ele se importa? Faria diferença se eu encerrasse a sessão ou desse uma checada no meu telefone? Usar chamada *De surpresa* durante a sua aula não só faz uma cobrança dos estudantes, mas também os reassegura de que valorizamos a sua presença e suas contribuições.

Quando fizer chamada *De surpresa*, use uma linguagem que seja explicitamente positiva e inclusiva. Podemos sinalizar nosso interesse no estudante e em suas ideias com frases como: "Maggie, eu adoraria saber o que você pensa desta passagem", ou "Maggie, você sempre tem percepções interessantes sobre a solução de problemas. Que estratégia você usaria aqui?". Você pode até mesmo incorporar seu conhecimento dos interesses pessoais dos estudantes à sua chamada *De surpresa*: "Maggie, sei que você adora animais. Qual foi sua reação à descrição do cavalo e seu cavaleiro nesta parte do livro?".

Além de reconhecer o esforço dos estudantes, as formas pelas quais respondemos aos seus trabalhos podem reforçar a conexão e ajudar a desenvolver entusiasmo dentro da nossa cultura de sala de aula remota. Ao gerar ciclos de *feedback* positivo em torno do trabalho do estudante – mesmo e especialmente quando esse trabalho está incorreto – criamos um ambiente onde os estudantes *querem* se engajar e participam com entusiasmo. Estas são algumas das ferramentas que vemos professores excelentes usando *on-line* para criar esse tipo de engajamento:

- **Mostre o texto:** O trabalho excelente de um estudante colocado na tela para que todos vejam é uma forma poderosa de construir ciclos de *feedback* positivo. Isso transmite aos estudantes a mensagem de que, apesar das limitações apresentadas em um ambiente remoto, você ainda se preocupa com a qualidade do seu trabalho e irá destacar os esforços significativos feitos por eles. Ben Esser, da Achievement First East New York Middle School, demonstra a força de *Mostre o texto* para iniciar sua aula assíncrona. A aula inicia rápido, e quando descreve a próxima leitura: "Um rei é destronado hoje", Ben começa com o pé direito. Isso parece intencional desde o início e valoriza o tempo dos estudantes ao começar imediatamente. Depois de apenas 18 segundos, estamos estalando os dedos para quem foi bem no trabalho de classe de ontem. Depois disso Ben duplica e até mesmo triplica a ideia, destacando aqueles cuja média do trabalho é alta e então mostrando os "Bilhetes de Saída realmente exemplares" que dois estudantes escreveram.

▶ **VÍDEO**

Videoclipe: Ben Esser, "Obra prima apositiva"
apoio.grupoa.com.br/saladeaulaonline

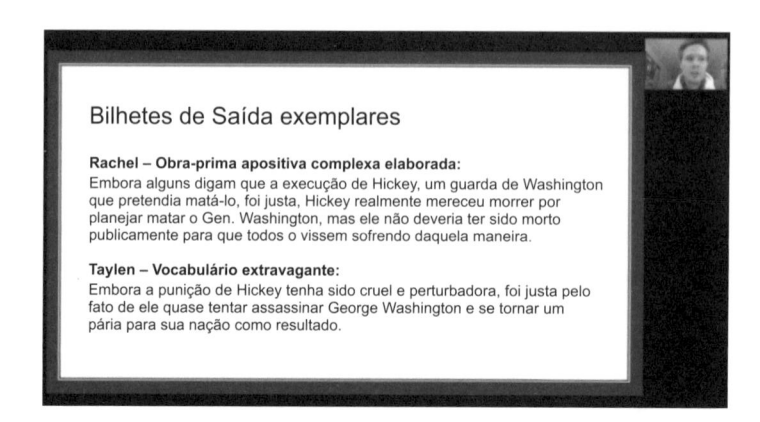

> **Bilhetes de Saída exemplares**
>
> **Rachel – Obra-prima apositiva complexa elaborada:**
> Embora alguns digam que a execução de Hickey, um guarda de Washington que pretendia matá-lo, foi justa, Hickey realmente mereceu morrer por planejar matar o Gen. Washington, mas ele não deveria ter sido morto publicamente para que todos o vissem sofrendo daquela maneira.
>
> **Taylen – Vocabulário extravagante:**
> Embora a punição de Hickey tenha sido cruel e perturbadora, foi justa pelo fato de ele quase tentar assassinar George Washington e se tornar um pária para sua nação como resultado.

A mensagem aqui é importante; embora Ben seja uma presença menos imediata na vida dos seus estudantes, ele ainda vê e valoriza seu trabalho. O trabalho é importante e os conecta. Não causa muita surpresa que Ben também use uma versão de *Mostre o texto* quando trabalha sincronamente com os estudantes alavancando a função privada do *chat*. Quando os estudantes lhe respondem pelo *chat* privado, ele localiza uma "resposta verdadeiramente excelente", depois copia e cola essa resposta no *chat* público para que toda a classe possa lê-la. Essa é uma forma rápida, mas poderosa de destacar o esforço do estudante e aprimorar a aprendizagem do grupo.

- ***Feedback***: Dar um *feedback* concreto e oportuno permanece sendo uma parte crucial do ensino efetivo, mesmo quando isso é feito remotamente. Garantir que o *feedback* seja pessoal ("Você explicou sua solução para a questão nº 3 usando um vocabulário matemático forte"), não genérico ("Ótimo trabalho!"), pode construir confiança e respeito ao comunicar que você não estava simplesmente procurando a resposta correta, mas que notou o esforço individual empregado pelo estudante.
- **Transparência:** Podemos transmitir aos estudantes a mensagem de que valorizamos seu tempo e sua atenção sendo transparentes sobre as formas pelas quais seu trabalho informou nossa tomada de decisão pedagógica. Você pode abrir uma aula dizendo: "Nós planejamos seguir adiante até nosso próximo tópico hoje, mas notei ontem que parece que tivemos dificuldades com restos, então preparei alguns problemas mais práticos para nos ajudar a realmente fazer isso da forma correta". Em uma aula assíncrona, você pode oferecer opções para diferenciação transparente: "Se você ontem acertou as duas questões do Bilhete de Saída, avance três minutos no vídeo. Se você errou pelo menos uma dessas questões, continue assistindo para que possamos chegar a uma resposta exemplar".

- **Cultura do erro:** Treinar os estudantes por meio do erro pode contribuir muito para a dissolução da tela e para conectar-se com os estudantes celebrando um trabalho consistente. Quando criamos salas de aula virtuais onde o erro é não só aceitável, mas encorajado como parte do processo de aprendizagem, isso passa aos estudantes uma mensagem poderosa de que estamos ali para ensinar, não simplesmente para dar aula em nossas telas. Reconhecer e aceitar o erro passa aos nossos estudantes a mensagem: "Eu vejo você, estou aqui para ajudá-lo e iremos comemorar nosso progresso juntos".

ALÉM DA TELA

Reconhecemos que também é importante conectar-se com os estudantes além da sala de aula virtual. Existe sinergia entre nossas relações pessoais com os estudantes e nossas conexões acadêmicas com eles. Quando conhecemos nossos estudantes pessoalmente, podemos incluir isso em nosso trabalho acadêmico para dissolver a tela e fazer com que se sintam vistos de um modo especial e específico.

Rachel Shin oferece um belo exemplo desta ideia. O estudante Nicholas apresentou um trabalho de matemática excelente, então ela abre a aula no dia seguinte destacando-o pessoalmente no problema daquele dia: "O problema de hoje foi trazido pelo Nicholas. Então vou falar do Nicholas. A coisa que ele mais gosta hoje em dia é LEGO!. O conhecimento que Rachel tem de Nicholas e seus interesses torna o problema especial e específico para quem ele é como ser humano e como estudante.

> ▶ **VÍDEO**
>
> **Videoclipe: Rachel Shin, "LEGO"**
> apoio.grupoa.com.br/saladeaulaonline

Algumas outras formas de se conectar além da tela incluem o seguinte:

- Chamadas telefônicas ou mensagens de texto individuais, dependendo da idade dos seus estudantes, podem ser formas rápidas e fáceis de fazer contato. Uma de nossas colegas descobriu que o FaceTimes para o professor é um motivador particularmente útil para seus estudantes.

- Se possível, experimente uma visita com distanciamento social. Considere que um estudante leia para você do outro lado da rua ou em lados opostos de uma varanda.
- *Chats* informais em pequenos grupos podem ajudar a recuperar as conexões entre pares que são tão importantes na escola, mas das quais estamos privados em um ambiente remoto. Facilitar a conexão entre os estudantes pode ajudar a estimular a cultura (e dependendo da faixa etária, você pode estar presente durante o *chat* ou não).
- Considere planejar ou oferecer aos estudantes a oportunidade de planejar atividades da classe por meio dos *chats* por vídeo. Já ouvimos falar e vimos eventos como a "spirit week", curiosidades, mostre e conte ou alguma outra atividade que permita que os estudantes compartilhem mais das suas personalidades.
- As famílias são uma parte vital da comunidade de aprendizagem em qualquer contexto, e o ensino remoto torna a conexão família-professor ainda mais impactante. Considere como e quando você pode programar a comunicação com a família para reforçar a ligação entre escola e casa e passar a mensagem de que estamos juntos nessa empreitada.
- Pesquisas de interesse e *feedback* podem ser uma forma útil de proporcionar às crianças uma plataforma para se comunicarem com você sobre si mesmas e suas experiências durante esse tempo. Isso pode não somente nos fornecer informações úteis para orientar nossa instrução, como também pode ajudar as crianças a sentirem que a sua contribuição quanto à forma e à direção do seu novo ambiente de aprendizagem é ouvida e valorizada.

Construindo conexões a partir de um começo remoto

O futuro do próximo ano letivo é incerto. Embora algumas portas se abram novamente, é provável que muitas escolas incorporem pelo menos algum tipo de aprendizagem remota aos seus planos educacionais. Então os professores enfrentarão o desafio não apenas de manter as conexões existentes, mas de criá-las com novos estudantes. Como construímos relações em um espaço bidimensional com estranhos bidimensionais?

Este é um território inexplorado para a vasta maioria dos educadores. Quando você embarcar no próximo ano, sabemos que vai se adaptar e melhorar com as ideias que encontrará a seguir. Esperamos que essas sugestões forneçam pontos de partida úteis quando você trabalhar para estabelecer uma cultura de conexão e troca em suas salas de aula remotas.

- Antes de o ano começar, agende um vídeo *chat* individual com cada estudante.
- Desenvolva uma lista de perguntas para discutir com eles acerca do próximo ano. Como você se sentiu em relação à aprendizagem *on-line*? Do que você gostou? O que você achou desafiador? O que você espera atingir este ano? Essas perguntas, entre outras, podem proporcionar uma percepção valiosa para ajudá-lo a moldar a cultura da sua classe.
- Grave um vídeo apresentando a si mesmo, apresentando o espaço da "sala de aula" e (se for o caso) uma antevisão do conteúdo. Você também pode pedir que em resposta os estudantes lhe enviem uma apresentação em vídeo.
- Se a segurança permitir, faça um encontro da classe com distanciamento social ou programe visitas em casa com distanciamento social. Reforçar a ideia de que somos pessoas reais que estão juntas em uma classe pode contribuir muito para estimular uma cultura positiva na sala de aula no começo do ano.
- Se possível, considere continuar com seus estudantes no próximo ano letivo para fortalecer as relações existentes; os líderes escolares podem achar que modelos flexíveis para a alocação de pessoal sejam especialmente úteis no próximo ano.

DISSOLUÇÃO DA TELA: REVISÃO

- "Dissolver a tela" é minimizar o meio e oportunizar a relação interativa entre professor e estudantes. Na verdade, trata-se do estabelecimento de uma conexão por meio do trabalho que faz com que as crianças se sintam responsáveis e conectadas ao mesmo tempo.
- **Ecos da sala de aula:** Um tema que se mantém nas "salas de aula" remotas de sucesso é o sentimento de normalidade e continuidade. Apesar da estranheza das circunstâncias, os grandes professores fazem os estudantes se lembrarem das salas de aula que já compartilharam (e irão compartilhar de novo!) com sua configuração física, além das pistas verbais e não verbais.
- **Vendo os estudantes e suas tarefas:** Para nos conectarmos com nossos estudantes por meio do seu trabalho em um ambiente remoto,

precisamos encontrar formas mais efetivas de vê-los e também de ver seu esforço. Precisamos projetar o ambiente de aprendizagem para maximizar a visibilidade do pensamento e aprendizagem dos estudantes.

- **Reconhecer e responder:** Depois que criamos um ambiente que nos permita ver nossos estudantes e seu trabalho, precisamos fazer questão de reconhecer seus esforços. Os estudantes têm muito mais probabilidade de se desconectar – tanto literal quanto figurativamente – se lhes pedirmos constantemente para produzir um trabalho que nunca reconhecemos.
- **Além da tela:** Também é importante conectar-se com os estudantes além da sala de aula virtual. Existe uma sinergia entre nossas relações pessoais com os estudantes e nossas conexões acadêmicas com eles. Quando conhecemos nossos estudantes pessoalmente, podemos fazer com que se sintam vistos de uma forma que seja especial e específica para eles.

3
CULTURA DA ATENÇÃO E ENGAJAMENTO

COLLEEN DRIGGS
JAIMIE BRILLANTE

Em todas as salas de aula, a construção de uma forte cultura da atenção e engajamento é essencial. Em uma "sala de aula" *on-line*, onde os estudantes interagem por meio de dispositivos frequentemente projetados para distrair, isso é duplamente importante – e duplamente difícil de ser obtido. Essa é a batalha fundamental do ensino remoto: a distração está sempre a um clique de distância.

Em *Por que os alunos não gostam da escola?*, Daniel Willingham descreve a função da memória de trabalho e da memória de longo prazo, e o impacto que cada uma tem na aprendizagem. A memória de trabalho, explica, desempenha o papel mais ativo na aprendizagem e nas habilidades cognitivas superiores. Por causa dela, acontece o pensamento crítico. Graças à memória de trabalho, temos *Hamlet*, a penicilina e a teoria da relatividade.

Porém, a memória de trabalho também tem suas limitações. Se a memória de trabalho estiver sobrecarregada, a qualidade da nossa produção começa a declinar – ou simplesmente não retemos novas informações. A memória de trabalho tem estoque limitado e temos que ser cuidadosos para preservá-la.

A memória de longo prazo, por sua vez, é praticamente ilimitada, e recordar a informação codificada na memória de longo prazo em geral é essencial para os *insights* que a memória de trabalho proporciona. Não apenas isso, mas quanto mais aprende sobre um determinado tópico, mais conexões você constrói e mais se lembra de coisas sobre esse tópico. Assim sendo, para preservar as quantidades limitadas da memória de trabalho e auxiliar na codificação, é essencial proporcionar aos estudantes oportunidades de consolidar seu conhecimento e começar a transferi-lo para a memória de longo prazo.

A memória de trabalho também afeta a percepção – o que você é capaz de observar sobre um pôr do sol, digamos, ou sobre um conjunto de dados. Se a memória de trabalho estiver sobrecarregada, a percepção diminui. Tomemos como exemplo você dirigindo seu carro. Se estiver ao celular (mesmo com as mãos livres), terá muito maior probabilidade de sofrer um acidente do que se prestar atenção unicamente na estrada. Uma simples conversa telefônica com seu parceiro sobre a lista do mercado aumenta as chances de você avaliar mal a velocidade com que outro carro está se aproximando – não porque suas mãos estão ocupadas, mas porque sua memória de trabalho está.

Os desafios da memória de trabalho – tanto em termos de codificação quanto de percepção – são complicados ainda mais por um ambiente de aprendizagem *on-line*. Em *Teachers vs tech?*, Daisy Christodoulou destaca que os estudantes quase sempre têm um *notebook* e um celular acessíveis em ambientes de trabalho remoto, o que os encoraja ainda mais para "multitarefas". A filha de uma colega descreveu o quanto isso era óbvio para ela em suas aulas *on-line*. "Eu olho para a tela durante minhas chamadas no Zoom e posso ver a luz azul refletindo em muitos dos rostos [dos meus colegas]. Dá para saber que eles estão em seus celulares, mas meus professores não olham (ou não conseguem ver) muito de perto para identificar."

Christodoulou cita um estudo de 2016 feito por Carter, Greenberg e Walker, em que foi permitido que os estudantes levassem aparelhos para algumas sessões do curso, mas não para outras. Sem causar surpresa, os estudantes tiveram melhor desempenho nas sessões sem aparelhos. Além disso, Christodoulou observa que, em estudos monitorando o uso de mídias por universitários durante a aula, um deles constatou que "94% [dos estudantes] usaram *e-mail* durante a aula e 61% usaram mensagem instantânea. Outro estudo similar constatou que, em uma aula de 100 minutos, em média os estudantes passaram 37 minutos em *websites* não relacionados ao curso" (CHRISTODOULOU, 2020, p. 139).

Christodoulou (2020, p. 140) continua descrevendo os efeitos prejudiciais da "multitarefa" em nossa memória de trabalho. Ela discute que pesquisas sugerem que na verdade não conseguimos realizar múltiplas tarefas. Em vez disso, vamos trocando rapidamente entre uma tarefa e outra. Esse tipo de troca de tarefas "torna o desempenho [na realização das tarefas] mais lento e cada vez mais propenso ao erro... e reduz os recursos da memória de trabalho em relação ao tópico que está sendo estudado. Essencialmente, a memória de trabalho está sobrecarregada com múltiplas tarefas, tornando inúteis os esforços de consolidação e codificação.

Citando um estudo que mostra que universitários tipicamente trocam de uma janela para outra em seus navegadores a cada 19 segundos, Christodoulou (2020, p. 140) escreve: "Quando usamos um dispositivo conectado, estamos usando um aparelho que está conectado a um mecanismo de distração". Essa distratibilidade se torna um hábito para nós assim que estamos com nossos aparelhos. Nossos cérebros são adaptáveis e neuroplásticos. Eles são modificados pela forma como os usamos e se habituam ao contexto. Com o tempo, escreve Maryanne Wolf (2018), uma passada de olhos rápida substitui a leitura, e nossa capacidade de concentração é afetada.

Por sua vez, subcarregar a memória de trabalho também não é bom. Se não estão engajados, os estudantes ficam entediados, começam a se desligar e a produtividade é retardada. Tudo isso é potencializado em um ambiente *on-line*, com suas telas abertas e coisas como o TikTok competindo pela sua atenção.

Independentemente de acontecer de forma presencial ou *on-line*, a aprendizagem depende da memória de trabalho para processar ideias e codificar conceitos na memória de longo prazo. Ela é facilmente sobrecarregada e subcarregada – significando que, se os estudantes não têm a chance de consolidar novos conceitos de forma atraente, terão dificuldades para lembrar e se cansarão rapidamente. Uma aula *on-line* ideal inclui muitas atividades curtas para manter os estudantes engajados e para lhes dar a chance de consolidar regularmente. Isso é mais difícil *on-line*, mas possível de ser feito. A construção de uma cultura da atenção e engajamento *on-line* está baseada na entrega do conteúdo e no planejamento de atividades de modo que a memória de trabalho dos estudantes não seja nem sobrecarregada nem subcarregada. Neste capítulo, examinaremos alguns modelos para obter o máximo da memória de trabalho desenvolvendo a atenção e evitando a distração.

DESENVOLVENDO A ATENÇÃO E EVITANDO A DISTRAÇÃO DESDE O INÍCIO

O sucesso da atenção *on-line* em aulas síncronas e assíncronas está associado à habilidade dos estudantes para prestar atenção, interagir e se engajar em uma tarefa singular *on-line*. Em uma aula síncrona, os estudantes estão equipados com materiais para fazer anotações, estão olhando ativamente para a tela e preparados para formular e responder perguntas. Embora seja impossível observar em um contexto assíncrono, os professores podem usar uma Introdução curta para descrever hábitos de atenção e incluir os estudantes na sua construção.

Vale observar que uma condição fundamental para a atenção é um espaço de trabalho organizado – que seja dedicado à aprendizagem *on-line*, idealmente livre de celulares.

Além da organização da estação de trabalho, inícios fortes são importantes. Os estudantes (e adultos) tipicamente associam a aprendizagem *on-line* à passividade. Pense como simplesmente ouvir a palavra "*webinar*" evoca lembranças de horas passadas sentado passivamente na frente de uma tela, no papel de receptor de uma quantidade impressionante de informações.

Sem um início focado, mesmo adultos acabam caindo na passividade. Em nosso primeiro treinamento *on-line*, os participantes só falaram após 22 minutos de sessão. Pedimos que usassem a função *chat* no Zoom, mas percebemos que eles precisavam falar primeiro para normalizar a participação do mesmo modo que fazemos em nossos *workshops* presenciais. No dia seguinte, pedimos que participassem verbalmente no primeiro *slide* para sinalizar o valor do seu engajamento e as expectativas para a duração da sessão.

Para os estudantes, um início preciso e claro é ainda mais importante. Eles precisam de clareza sobre o que significa ser um estudante neste novo contexto (p. ex., "Vocês vão precisar de um lápis e um caderno, portanto tenham isso à mão."). As pessoas jovens tendem a fazer uma leitura dos inícios lentos e tortuosos como indicadores do pouco valor que o professor atribui ao tempo ou às expectativas em relação ao tempo que irão passar juntos. Para eles, isso não parece "realmente escola". E é difícil voltar para a aula partindo de um início que parece recreio.

Portanto, comece cordialmente, vivamente e com humanidade, mas comece *rapidamente*. Providencie para que os estudantes comecem a fazer alguma coisa imediatamente. Mostre que você valoriza o tempo deles e evite subcarregar sua memória de trabalho. Dê orientações claras e decisivas. Você pode lembrá-los brevemente dos procedimentos e das expectativas ("Câmeras ligadas, por favor") e tenha como objetivo que eles realizem ativamente uma tarefa dentro dos primeiros três minutos de aula.

Por exemplo, observe como Joshua Humphrey, professor de matemática na KIPP St. Louis High School, apresenta os objetivos para aquele dia e então passa imediatamente para *Faça agora* – tudo em uma aula assíncrona. Observe em particular o *Ritmo* de Joshua. Mesmo que sua introdução seja personalizada, também é incrivelmente eficiente. Ele está focado no valor. Ele não está desperdiçando tempo quando passa diretamente para *Faça agora* e pede que os estudantes comecem a trabalhar.

> ▶ **VÍDEO**
>
> **Videoclipe: Joshua Humphrey, "Folha de consulta"**
> apoio.grupoa.com.br/saladeaulaonline

Este é outro exemplo de uma introdução efetiva. É da professora Amanda Moloney, do Ballarat Clarendon College, em Victoria, Austrália. Em sua breve introdução da aula, ela cumprimenta os estudantes calorosamente, logo estabelece as expectativas para a aula e então passa imediatamente para sua aula sobre medidas.

> ▶ **VÍDEO**
>
> **Videoclipe: Amanda Moloney, "Vocês estão no lugar certo"**
> apoio.grupoa.com.br/saladeaulaonline

Os estudantes ainda estão inseguros sobre o que significa esta nova forma de aprendizagem. Mostre a eles que o tempo *on-line* tem valor. Desde o início, defina a norma de que a aula deles será intencional e produtiva, requerendo total engajamento e atenção. Comece a aula com pequenos testes de circuitos frequentes para socializar a atenção e os inclua no decorrer do seu tempo com os estudantes. Estes são alguns exemplos de tarefas que você pode solicitar em uma aula síncrona:

- "Polegares para cima se vocês veem a minha tela."
- "Mostrem com os dedos de quantos minutos mais vocês precisam."
- "Prestem atenção em Alícia."
- "Apenas me mandem pelo *chat* a palavra 'pronto' quando tiverem terminado o problema."

Sempre que possível, peça que os estudantes usem as mãos erguidas ou os polegares para cima em vez de usarem o *chat* ou clicarem em mais uma coisa para demonstrar sua atenção. Isso constrói a conexão humana e força os professores a olharem para o rosto das crianças, e não para uma ferramenta digital adicional.

RECURSOS E SISTEMAS PARA APOIAR O ENGAJAMENTO

Em um ambiente *on-line*, os materiais de aprendizagem assumem toda uma nova importância. Os recursos que você apresenta para a instrução *on-line* – tanto síncrona quanto assincronamente – são centrais para apoiar o engajamento e a aprendizagem dos estudantes. Criar recursos simples e claros com o equilíbrio certo entre texto e imagem possibilitará que os estudantes dediquem o máximo possível da sua memória de trabalho para aprender o conteúdo da aula.

Daisy Christodoulou tem inúmeros princípios para maximizar a aprendizagem desenhando gráficos para manter o foco e aprimorar a memória de trabalho. Em *Teachers vs tech?*, ela cita os achados de Richard Mayer, que diz que, se mostrarmos texto e imagem juntos, a memória de trabalho é mais capaz de associá-los, contribuindo assim para uma melhor compreensão. Christodoulou continua explicando que a associação de recursos visuais e texto é ainda mais impactante quando as palavras que descrevem uma determinada imagem são colocadas ao lado dela. Este é um exemplo de como Jen Rugani aplicou essa ideia à sua aula sobre *O senhor das moscas* (*Lord of the flies*). Para fornecer aos estudantes conhecimento de base crítico para entender o contexto do romance, ela escolheu duas imagens e as acompanhou de uma legenda curta, descrevendo-as.

Laguna: uma piscina de água separada do mar por um banco de areia.

Granito rosa: um tipo comum de rocha formada por lava endurecida.

Christodoulou também dá orientações sobre o que Mayer e sua equipe chamaram de princípio da redundância. Removendo o conteúdo estranho, os bons gráficos educacionais focam os estudantes no que é mais relevante, reduzindo, desse modo, a pressão sobre a memória de trabalho. Um campo visual claro é o segredo para a manutenção do engajamento e a clareza. Dê uma olhada no *Faça agora* da aula de matemática de Joshua Humphrey. Aqui ele usa animações para destacar as respostas enquanto revisa os problemas, atraindo a atenção dos estudantes para o que é mais importante, tanto visual quanto verbalmente. Esse uso simples da multimídia apoia os estudantes no processamento eficiente e na aprendizagem máxima.

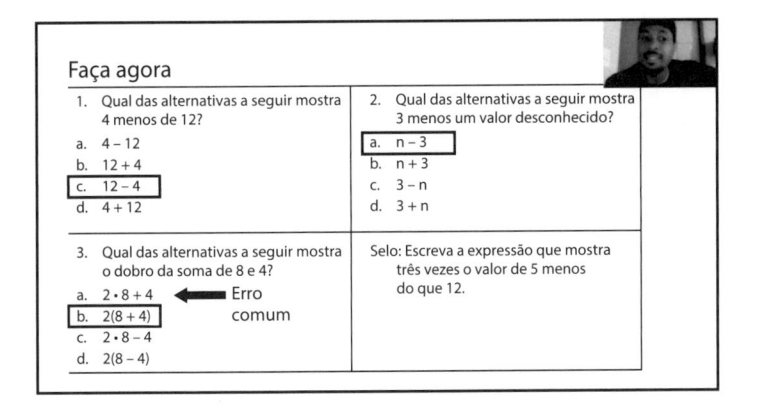

Faça agora	

1. Qual das alternativas a seguir mostra 4 menos de 12?
   a. 4 – 12
   b. 12 + 4
   c. 12 – 4
   d. 4 + 12
	2. Qual das alternativas a seguir mostra 3 menos um valor desconhecido?
	   a. n – 3
	   b. n + 3
	   c. 3 – n
	   d. 3 + n

3. Qual das alternativas a seguir mostra o dobro da soma de 8 e 4?
   a. 2 • 8 + 4 ⬅ Erro comum
   b. 2(8 + 4)
   c. 2 • 8 – 4
   d. 2(8 – 4)
	Selo: Escreva a expressão que mostra três vezes o valor de 5 menos do que 12.

    Planejar os materiais com orientações claras sobre *O que fazer* pode ajudar os estudantes a prosseguirem com as atividades da aula sem ter que pedir esclarecimentos ou perder a atenção completamente. Se você estiver usando instrução assíncrona ou mesmo síncrona, sempre haverá aqueles momentos – toca a campainha da porta, entra uma mensagem ou o cachorro late – em que perderemos a atenção dos nossos estudantes. Os materiais para os estudantes devem ter instruções claras para ajudá-los a permanecerem no caminho certo (ou retomarem o caminho depois de uma interrupção).

    Os mesmos princípios que se aplicam às salas de aula tradicionais também se aplicam *on-line*. As orientações sobre *O que fazer* devem ser graduais, sequenciais, mensuráveis e observáveis. É claro que, no mundo remoto, as orientações variam dependendo do conteúdo e da idade dos estudantes. Por exemplo, observe Alonzo Hall e Linda Frazier, da equipe de matemática das Uncommon Schools. Ambos são ótimos exemplos de professores que reforçam orientações claras tanto verbal quanto visualmente. Os dois realçam em amarelo as orientações importantes para que os estudantes as percebam. Alonzo inclusive deixa isso bem transparente para os estudantes: "Sempre que aparecer um realce amarelo na página, é para lembrar que vocês podem pausar o vídeo, ou que devem pausá-lo, para copiar o que está na página". Linda lembra os estudantes da importância de seus recursos visuais: "Vou esperar uns segundos para garantir que a folha de vocês fique igual à minha".

> **Vamos nos organizar!**
> - Bem-vindos de volta à aula de matemática!
> - Para esta aula, vocês precisam de:
>   1. Algumas folhas de papel (caderno ou folhas em branco está bom).
>   2. Um lápis.
> - Por favor, pausem o vídeo e juntem os materiais. Quando estiverem prontos, podem dar *play*!

▶ **VÍDEO**

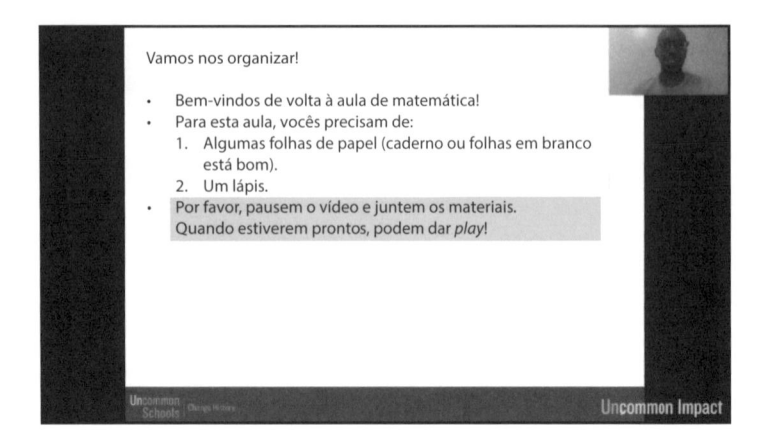

Videoclipe: Alonzo Hall e Linda Frazier, "Vamos nos organizar!"
apoio.grupoa.com.br/saladeaulaonline

Alonzo e Linda também destacam o poder dos sistemas compartilhados entre os professores, especialmente *on-line*. Quanto mais familiares e mais consistentes forem as orientações, mais os estudantes se acostumarão a elas e mais sucesso terão. A consistência entre as abordagens diz: Ainda somos uma escola; ainda estamos conectados. Também está baseada no que sabemos sobre a memória de trabalho e a memória de longo prazo. O uso repetido dos sistemas consolida a memória de longo prazo, liberando a memória de trabalho.

Um de nossos clipes favoritos mostrando orientações claras sobre *O que fazer* é esta aula, criada pela própria Kim Griffith, do *blog* TLAC. Aqui ela narra suas orientações sobre *O que fazer* enquanto exibe uma imagem simples de uma folha solta que seus estudantes estão numerando. Enquanto os estudantes trabalham para completar suas questões da *Prática da recuperação*, Kim publica um cronômetro (o círculo dourado no canto do *slide*). Esse recurso visual simples ajuda os estudantes a prestarem atenção ao seu *Ritmo*, ao mesmo tempo mantendo a tela livre de distrações. Ela usa uma codificação simples, com cores, para ajudar os estudantes a prestarem atenção aos termos principais na revisão do dia. Sem a possibilidade de ver os estudantes e confirmar sua compreensão, a simplicidade é o segredo para o sucesso dos estudantes.

Prática da recuperação

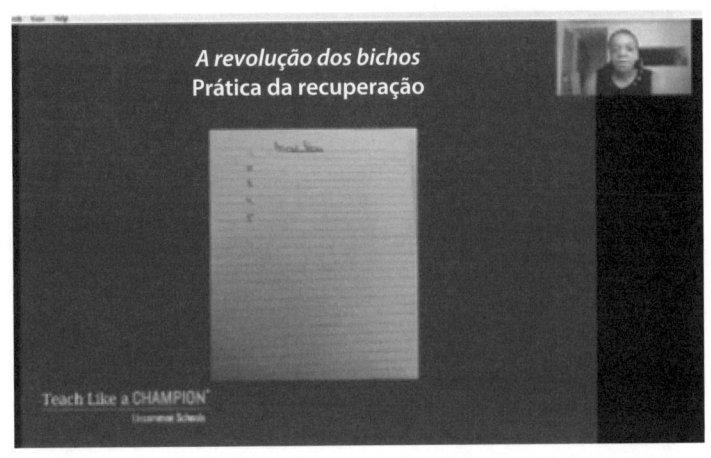

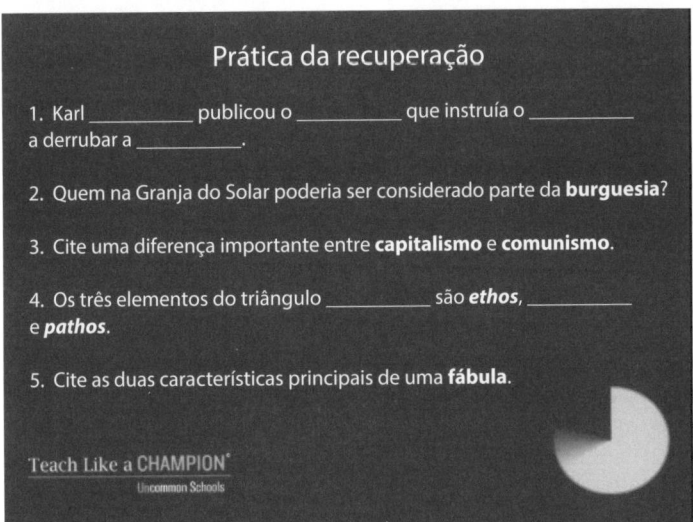

1. Karl _____ publicou o _____ que instruía o _____ a derrubar a _____.

2. Quem na Granja do Solar poderia ser considerado parte da **burguesia**?

3. Cite uma diferença importante entre **capitalismo** e **comunismo**.

4. Os três elementos do triângulo _____ são **ethos**, _____ e **pathos**.

5. Cite as duas características principais de uma **fábula**.

Em outra variação para estudantes dos anos iniciais do ensino fundamental, Rachel Shin cria um campo visual que representa aproximadamente a sua sala de aula (com a qual seus estudantes sem dúvida estão familiarizados). Rachel usa sua janela como um cavalete e se posiciona ao lado do seu problema de matemática. Os estudantes veem sua professora e o problema de matemática lado a lado, assim como seria se estivessem sentados no tapete de arco-íris em sua sala de aula. Mais uma vez, Rachel usa a codificação simples por cores para apoiar a compreensão dos estudantes e ajudá-los a focar nas partes principais do trabalho enquanto ela narra.

Esses professores mostram a força de um campo visual simples associado a uma narração clara e concisa.

MUDANDO AS ATIVIDADES NA AULA: APOIANDO O RITMO E A CONSOLIDAÇÃO

Mantenha o dinamismo e a energia que você desenvolveu no início, incorporando uma variedade de tipos de tarefas na busca do objetivo da sua lição durante a aula. Nas salas de aula tradicionais, discutimos o valor de inserir marcos no decorrer da aula. Esses pontos de referência ao longo da estrada tornam a distância percorrida mais visível para os viajantes. Podemos fazer isso *on-line* planejando uma série de mudanças nas atividades em busca do objetivo de uma lição. Considere, por exemplo, as atividades em uma aula *on-line* de línguas para os anos finais do ensino fundamental, com o objetivo de "examinar a descrição encantadora, embora ameaçadora, que Golding faz da ilha" em *O senhor das moscas*. A aula segue assim:

- Complete *Faça agora*: Os estudantes respondem por escrito a um estímulo baseado em trechos da leitura do dia anterior.
- Revise *Faça agora*: Depois de ouvir/assistir o professor revisar algumas ideias principais e compartilhar algum conhecimento adicional, os estudantes atualizam suas anotações que refletem os novos conhecimentos.
- Instrução sobre o vocabulário: O professor apresenta duas novas palavras e definições, depois pede que os estudantes completem uma série de questões (por escrito e oralmente) para reforçar seu conhecimento das palavras novas.

- Leitura – ciclo 1: Os estudantes leem *O senhor das moscas*, p. 11-12, independentemente, com foco na anotação.
- Escrita: Os estudantes respondem em seu caderno a uma pergunta em *Pare e anote*, usando sua nova leitura e vocabulário para elaborar uma frase cuidadosamente planejada que reflita seus novos conhecimentos.
- Revisão da escrita: Depois de ouvir/assistir o professor revisar algumas respostas possíveis à pergunta de *Pare e anote*, os estudantes revisam suas respostas.
- Leitura – ciclo 2: Os estudantes leem *O senhor das moscas*, p. 13-14, junto com o professor, com foco na anotação.
- Escrita: Os estudantes respondem em seu caderno à pergunta nº 2 em *Pare e anote*, analisando três detalhes levantados.
- Revisão da escrita: Depois de ouvir/assistir o professor revisar algumas respostas possíveis à pergunta nº 2 em *Pare e anote*, os estudantes revisam suas respostas para incluir as ideias principais.
- Leitura – ciclo 3: Os estudantes leem *O senhor das moscas*, p. 14-17, junto com o professor, com foco na anotação.
- Escrita: Os estudantes respondem em seu caderno à pergunta nº 3 em *Pare e anote*, analisando uma citação-chave do texto.
- Revisão da escrita: Depois de ouvir/assistir o professor revisar algumas respostas possíveis à pergunta nº 3 em *Pare e anote*, os estudantes revisam suas respostas para incluir as ideias principais.
- Tarefa final de escrita: Os estudantes responderão a uma pergunta por *e-mail*, usando pelo menos um detalhe do seu texto. Depois que terminarem, eles enviarão suas respostas por *e-mail* ao professor.

Cada vez que a atividade muda, esse é um marco para os estudantes, sinalizando a evolução da sua lição. Usar ferramentas para o *Ritmo*, como *Marque as etapas*, faz com que os marcos "pipoquem" na tela para que os estudantes percebam que existe uma variedade dinâmica constante de atividades em permanente mudança, em vez de uma constante mesmice *on-line*. Os professores podem usar *Marque as etapas* nomeando a tarefa seguinte com *slides* simples ou adicionando frases como: "Encontrem-me na página 14 do nosso próximo ciclo de leitura". Trocar de tarefas dessa maneira ajuda os estudantes a identificarem melhor as trocas.

A propósito, diversas atividades da lição que descrevemos – especialmente aquelas envolvendo escrita e anotação – também apoiam a consolidação do conhecimento. A mudança de atividades também evita sobrecarga da memória de trabalho (e evita o tipo de subcarga que frequentemente leva à distração).

Meios de participação é um sistema acadêmico que ajuda os estudantes a entenderem o que é esperado da sua participação para que os professores possam administrá-la com sucesso. Em salas de aula tradicionais, expectativas transparentes e explícitas nos permitem assegurar a "igualdade de expressão" e profundidade do pensamento. Os *Meios de participação* também são extremamente importantes para a manutenção do foco e da atenção (ver Capítulo 6 para uma discussão completa e alguns exemplos em vídeo).

Testes simples dos circuitos nunca serão completamente suficientes. Ao fim do dia, o que realmente estamos buscando é um circuito constante de pensamento real.

DESENVOLVENDO ATENÇÃO E ENGAJAMENTO DENTRO DAS ATIVIDADES DA AULA

Mudanças nas atividades da aula podem promover atenção e engajamento, mas também vale a pena refletir um pouco mais profundamente sobre a construção da atenção e do engajamento dentro das atividades. Examinemos duas atividades comuns nas aulas – leitura e escrita – e consideremos como podemos adaptá-las para maximizar a atenção e o engajamento em um ambiente *on-line*.

Escrever e tomar notas. Um corpo de pesquisa significativo demonstra os benefícios de fazer anotações à mão. Desde um aumento no foco até a melhora da memória e estimulação da criatividade, a lista de benefícios é substancial. Reconhecemos os benefícios logísticos (e a necessidade) de pedir que os estudantes apresentem respostas digitadas. Mas isso não quer dizer que cada anotação que fizerem, cada resposta que escreverem ou problema que resolverem tenha que ser digitado. Considere encorajar (ou solicitar) que escrevam à mão durante a aula, anotando suas reflexões ou resolvendo a lápis um conjunto de problemas.

Para muitos estudantes, uma apresentação digitada sinaliza finalidade – um desfecho –, enquanto anotações manuscritas parecem lugares seguros para "pensar por escrito" e ver as ideias como formativas. As notas manuscritas são úteis para baixar as apostas para todos os estudantes, especialmente os mais relutantes. Ao pedir que anotem suas respostas com lápis no papel, podemos implicitamente encorajá-los a assumir riscos e sinalizamos o valor do desenvolvimento do seu pensamento e de suas ideias. Para maximizar a responsabilidade pelas anotações ou respostas manuscritas, peça que eles mandem para você por *e-mail* ou por mensagem uma foto do trabalho. A seguir vemos o modelo que Jen Rugani cria para os estudantes quando eles se preparam para tomar notas enquanto leem *O senhor das moscas*.

Ensinando na sala de aula *on-line*

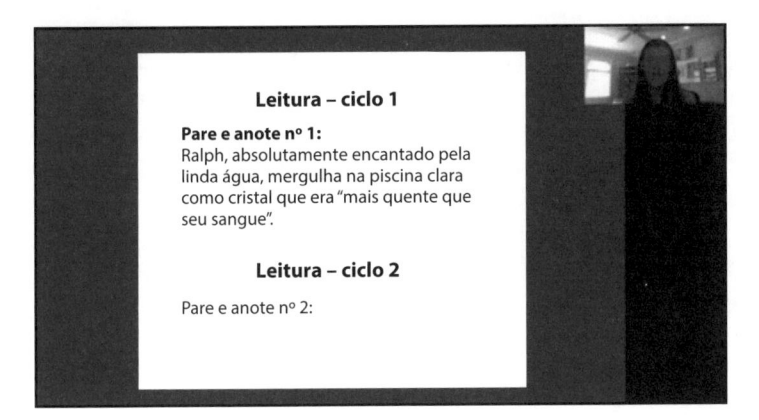

Leitura – ciclo 1

Pare e anote nº 1:
Ralph, absolutamente encantado pela linda água, mergulha na piscina clara como cristal que era "mais quente que seu sangue".

Leitura – ciclo 2

Pare e anote nº 2:

Leitura. Em qualquer ambiente de sala de aula, há três formas principais de ler: leitura do professor em voz alta, leitura compartilhada de toda a classe e leitura independente. Em salas de aula físicas, uma das mais importantes é a leitura do professor em voz alta. Somos da opinião que isso é verdadeiro para todas as salas de aula, não apenas para classes do ensino fundamental. Em uma sala de aula *on-line*, ler em voz alta tem o potencial de ter toda a força cativante de um audiolivro, mas que ganha vida, é comentado e direcionado especificamente para uma classe de estudantes.

Neste primeiro videoclipe, Jen Rugani lê *Doctor De Soto*, a história de William Steig sobre um inteligente rato dentista. Jen demonstra mudanças no humor e destaca palavras cruciais para que os estudantes desenvolvam o vocabulário. Sua alegria e prazer na história a ajudam a superar o desafio adicional de manter o foco dos estudantes em um mundo *on-line*.

▶ **VÍDEO**

Videoclipe: Jen Rugani, "Doctor De Soto"
apoio.grupoa.com.br/saladeaulaonline

Jen cuidadosamente administra a atenção de seus jovens ouvintes – dizendo a eles no que prestar atenção e para onde direcionar seus olhos enquanto alterna entre o texto e sua presença na tela. Ela se certifica de que eles estão lendo tanto quanto ouvindo. Começa dizendo explicitamente aos seus estudantes para focarem na palavra "um". Depois de um momento de pausa, Jen dá início, lendo duas páginas do texto, e suas pausas são tão ricas quanto sua leitura. Criticamente, lê o texto lentamente o suficiente para permitir que os estudantes processem e sintam cada palavra. De repente, Jen interrompe o texto com entusiasmo: "Ohhhh, leitores!" e com orientações: "Olhem para mim". É impossível que os estudantes não a acompanhem, estando ela tão animada.

Jen mantém e direciona a atenção dos estudantes durante sua Leitura em voz alta. Sua leitura imita as vozes dos personagens, o que é complementado com gritos, cochichos e choro. Sua voz é cheia de significados, pontuando cada palavra nas decisões arriscadas de De Soto de "deixar a raposa entrar" ou suspirando de alívio quando a raposa revela que fechar rapidamente sua boca tinha sido "só uma brincadeirinha!". Jen faz os estudantes sentirem como se estivessem sentados em um círculo com ela, lendo juntos em tempo real.

Vemos muitas coisas como essa acontecendo na aula de inglês dos anos finais do ensino fundamental de Sean Reap. Estudantes maiores podem precisar de menos lembretes para acompanhar, mas eles ainda se beneficiam ao ouvir textos desafiadores ganhando vida. Nesta seção de *O sol é para todos*, Sean usa a voz narrativa de Scout Finch de formas sutis, mas habilidosas. Sua leitura de "amável" *soa* amável, e ele faz pausas a cada vírgula para demonstrar como deve soar uma sintaxe complexa. Sean pode deixar que seus leitores maduros terminem a leitura sozinhos, já preparados para o sucesso a partir da sua Leitura em voz alta inicial. Em um momento no tempo em que as telas ganham força, ficamos felizes que eles possam capturar as vozes de nossos professores-leitores.

A leitura compartilhada também tem benefícios significativos. *Controle o jogo* é um sistema para desenvolver a leitura oral dos estudantes a fim de torná-la produtiva, responsável e eficiente. Ajuda a construir uma cultura em que os estudantes adoram ler e leem muito. Com algumas pequenas adaptações, essa é uma técnica que funciona (quase) tão bem *on-line* quanto na sala de aula. Observe como Arrianna Chopp, do Libertas College Prep, lidera uma leitura compartilhada com seus estudantes enquanto leem e desfrutam de uma passagem do romance *Esperanza rising*, de Pam Muñoz.

> ▶ **VÍDEO**
>
> **Videoclipe: Arrianna Chopp, "Oficialmente começando"**
> apoio.grupoa.com.br/saladeaulaonline

Antes da leitura, Arrianna apresenta um ponto focal para leitura, tendo em mente a doença de Mamãe causada pela tempestade de areia. Ela então se assegura de que todos os estudantes estão no mesmo ponto do texto, compartilhando sua tela e destacando as seções que eles estão lendo. Como os professores nos vídeos *Leitura em voz alta*, ela dá vida ao texto e constrói engajamento por meio da sua leitura expressiva. Quando são chamados *De surpresa* para ler, os estudantes assumem sem interrupções na continuidade, demonstrando que estão acompanhando com atenção. Após um curto trecho de leitura, Arrianna pede que eles mudem para um estímulo escrito para lhes dar a oportunidade de refletir a respeito e consolidar o que acabaram de ler.

ANTÍDOTOS E DOSES

Vamos encarar a realidade, todos nós temos fadiga do Zoom: olhando para a tela, olhos caídos, contando os minutos até apertar o sedutor botão vermelho de "sair". Mesmo que alguma coisa seja importante, a dose impacta. Uma coisa boa em excesso já não é mais uma coisa boa.

Por que toda essa exaustão? Afinal de contas, estar em casa nos permite ensinar e aprender usando um pijama confortável, acomodados no sofá. Isso não deveria ser mais fácil do que na sala de aula? Segundo Gianpiero Petriglieri, um professor associado ao INSEAD, participar de uma videochamada requer mais foco do que uma conversa cara a cara. Em *video chats*, na verdade precisamos trabalhar mais arduamente para processar pistas não verbais – coisas como expressões faciais, o tom e o timbre da voz e a linguagem corporal. E prestar mais atenção a essas pistas consome muita energia. "Nossas mentes estão juntas quando nossos corpos não estão. Essa dissonância, que faz com que as pessoas tenham sentimentos conflitantes, é extenuante. Você não pode relaxar na conversa naturalmente", ele diz (JIANG, 2020, documento *on-line*). Sabendo que a fadiga do Zoom é um desafio real para educadores e estudantes, os professores podem fazer escolhas para ajudar a prevenir a exaustão mental que acompanha as constantes videoconferências.

Uma forma de evitar a fadiga do Zoom é pelo uso de "antídotos" para o tempo excessivo de tela. Em outras palavras, o tempo *off-line*. Algumas atividades dos estudantes devem ter características de antídoto: sem telas ou mesmo antitela.

Algumas vezes, ou talvez em até boa parte do tempo, recomendamos que as crianças leiam um livro físico, escrevam com lápis e papel ou ouçam um livro gravado quando não estiverem em reuniões altamente baseadas no uso de telas. Embora o vídeo assíncrono tenha seu lugar, atividades assíncronas de baixa tecnologia e sem tela podem ajudar a combater a fadiga da tela. E é possível que sejam ainda melhores para a aprendizagem.

"Escreva na sua agenda por 30 minutos. Tire uma foto e envie para mim" poderia ser melhor do que "Digite uma resposta de uma página e a apresente via Google Docs"? É possível que "Leia o capítulo e grave a si mesmo lendo em voz alta suas dez frases favoritas" seja um bom contrapeso para tela, tela e tela o dia inteiro no seu quarto? Sim, de fato achamos que é, e alguns professores fizeram um ótimo trabalho mostrando isso.

Reflita (ou, melhor ainda, volte à página) acerca da descrição da aula de Jen sobre *O senhor das moscas* no começo deste capítulo. Durante a aula, os estudantes respondem à leitura fazendo anotações em seus cadernos em resposta às várias perguntas. Essas respostas são então discutidas e revisadas durante a aula. Somente no final da tarefa é que Jen pede que eles digitem uma resposta no *e-mail* e enviem para revisão. Dessa maneira, ela combina oportunidades de baixa tecnologia com tarefas de escrita formativa para proporcionar pequenos intervalos da tela, prevenindo, assim, a fadiga do Zoom que facilmente poderia acompanhar uma aula de 90 minutos.

Mais do que variar as tarefas para incluir antídotos, a fadiga do Zoom também pode ser combatida por variações na programação. Enquanto você planeja as aulas, pergunte-se: Quanto tempo de tela é apropriado para meus estudantes? Como posso equilibrar melhor os intervalos da tela com as conexões fornecidas nas aulas síncronas?

Joshua Humphrey, da KIPP St. Louis, utiliza um modelo inteiramente assíncrono em que os estudantes assistem duas aulas curtas por dia, depois completam uma breve avaliação aplicando as habilidades abrangidas. A simples ideia de manter curtas as aulas assíncronas, dividindo-as pela metade, foi realmente uma boa medida por si só. Dividir as tarefas na tela em partes mais curtas e interrompê-las com tarefas fora da tela (e possivelmente um intervalo) pode ajudar os estudantes a manterem seu ritmo. Quando eles começam uma segunda sessão do dia, é com novos olhos e energia renovada.

Neste próximo vídeo, Eric Snider impulsiona as sinergias da instrução assíncrona e síncrona no que achamos ser a "melhor abordagem de dois mundos".

▶ **VÍDEO**

Videoclipe: Eric Snider, "Fusão síncrona-assíncrona"
apoio.grupoa.com.br/saladeaulaonline

A ideia é que você pode dar início à aula com uma lição síncrona curta – digamos 20 minutos significativos e envolventes. Depois disso você pode designar uma tarefa para os estudantes realizarem assincronamente enquanto ainda estão "na linha". Desse modo, eles ainda têm tempo para trabalhar de forma independente, e é possível que você ocasionalmente faça verificações individuais ou simplesmente diga: "Estou aqui, se vocês precisarem de mim", como no horário de expediente presencial. Você pode permitir que os estudantes desliguem suas câmeras ou pode manter um controle discreto – como Eric –, fazendo com que todos as deixem ligadas. No final, você pode reunir todos para revisar as respostas.

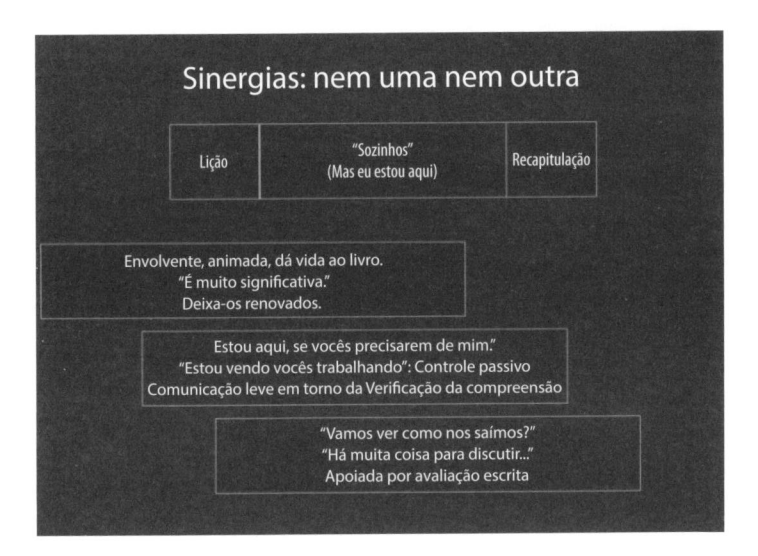

Sinergias: nem uma nem outra

Lição	"Sozinhos" (Mas eu estou aqui)	Recapitulação

Envolvente, animada, dá vida ao livro.
"É muito significativa."
Deixa-os renovados.

"Estou aqui, se vocês precisarem de mim."
"Estou vendo vocês trabalhando": Controle passivo
Comunicação leve em torno da Verificação da compreensão

"Vamos ver como nos saímos?"
"Há muita coisa para discutir..."
Apoiada por avaliação escrita

É assim que Eric fez em uma aula recente sobre *One crazy summer*, de Rita Williams-Garcia. O vídeo começa com ele executando o audiolivro para os estudantes. Então ele organiza o trabalho independente: esse é o momento do clímax e está cheio de perguntas que o tornam fascinante ("Por que Fern fica latindo?") e importante ("E se preparem para uma reviravolta no enredo enquanto leem, agora sozinhos").

As orientações de Eric permanecem na tela, e ele então reforça o comportamento focado e atento: "Estou vendo Armani". No final, o ouvimos pedir que os estudantes "avisem pelo *chat*" se precisarem de mais tempo, aproveitando a possibilidade de avaliar onde eles estão em tempo real.

CULTURA DA ATENÇÃO E ENGAJAMENTO: REVISÃO

A construção de uma forte cultura da atenção e engajamento é especialmente crítica em uma "sala de aula" *on-line*, onde os estudantes interagem por meio de dispositivos geralmente projetados para distrair. O desafio fundamental do ensino remoto é este: a distração está sempre a um clique.

- **Desenvolvendo a atenção e evitando a distração desde o início:** O sucesso da atenção *on-line* está condicionado à habilidade do aluno para prestar atenção, interagir e se engajar em uma tarefa singular *on-line*. Para preparar os estudantes para o sucesso, o segredo é uma configuração ideal na estação de trabalho e o início da aula claro e rápido.
- **Recursos e sistemas para apoiar o engajamento:** A criação de materiais claros e simples com o equilíbrio certo entre texto e imagem possibilitará que os estudantes dediquem o máximo possível da sua memória de trabalho à aprendizagem do conteúdo da aula. As orientações sobre *O que fazer* devem ser em pequenas porções, sequenciais, mensuráveis e observáveis. Quanto mais familiares e mais consistentes forem as orientações, mesmo nas salas de aula, mais sucesso eles terão.
- **Mudando as atividades na aula: apoiando o ritmo e a consolidação:** Para manter o dinamismo e a energia que você desenvolveu no início, use uma variedade de tipos de tarefas alinhadas com seu objetivo ao longo da aula. *On-line*, podemos fazer isso melhor planejando uma série de atividades variáveis que se baseiam uma na outra na busca do objetivo de uma lição.
- **Desenvolvendo atenção e engajamento dentro das atividades da aula:** Desenvolver atenção e engajamento dentro das atividades é fundamental, especialmente em um ambiente *on-line*, analisando as melhores maneiras de maximizar a atenção na leitura e escrita.
- **Antídotos e doses:** Existe uma coisa que chamamos de coisas boas em demasia. O Zoom não é exceção, e a fadiga do Zoom é real. Uma boa maneira de evitar a fadiga do Zoom é com o uso de "antídotos" para o tempo diante da tela, ou outras abordagens que tenham características de antídoto. Faça com que os estudantes leiam livros, escrevam em papel físico e mergulhem em inúmeras atividades sem telas ou antitela.

4

PONTOS DE PAUSA

HILARY LEWIS
BRITTANY HARGROVE

Nosso curso intensivo de aprendizagem *on-line* envolveu tanto o estudo de vídeos quanto nós mesmos experimentando coisas. Em retrospectiva, avaliamos que isso se transformou em uma dádiva.

Depois de alguns meses de estudo do ensino *on-line*, começamos nós mesmos a dar treinamentos. Coordenamos uma série particular de sessões para um grupo de professores da St. Louis. Achávamos que o conteúdo era sólido. Tínhamos videoclipes de professores excelentes em ação e havíamos passado dias voltados para o planejamento da primeira sessão. Havíamos preparado as coisas principais a serem destacadas e as perguntas certas a serem formuladas.

As perguntas eram especialmente importantes. Queríamos que nossos participantes estivessem engajados e ativos e queríamos ser deliberados quanto ao uso e chamar a atenção para os movimentos replicáveis que os professores faziam em seus vídeos a fim de que outros professores pudessem copiá-los e adaptá-los. Frequentemente, durante a primeira sessão, incorporamos oportunidades para os participantes conversarem conosco e entre si, para escreverem e refletirem sobre o conteúdo de diferentes formas. A concepção da sessão parecia sólida.

Mas, quando estudamos o vídeo posteriormente, alguma coisa parecia estar "de fora". Não podíamos deixar de dar atenção ao relógio. Desde o momento em que iniciamos a sessão até a hora em que pedimos que os participantes fizessem alguma coisa (compartilhar seus pensamentos digitando no *chat* suas impressões sobre um vídeo), oito minutos haviam passado. Quando lhes pedimos para escrever, as pessoas começaram lenta e hesitantemente. Elas pareciam ligeiramente surpresas e um pouco relutantes. Talvez nem todas tivessem ouvido as orientações. Como facilitadores e professores, começamos a questionar se nossas orientações eram suficientemente claras, se nossas perguntas faziam sentido, se os participantes estavam nos acompanhando ou não.

A partir disso, trabalhamos duro para construir uma cultura mais dinâmica na sessão, possibilitando oportunidades frequentes de participação. Certificamo-nos de compartilhar e responder aos comentários dos participantes para demonstrar o quanto eles eram importantes. As coisas inegavelmente melhoraram, mas tivemos que trabalhar com ainda mais afinco do que esperávamos para colocar a energia onde queríamos que ela estivesse. Aquilo não se parecia em nada com nossas sessões presenciais.

Na sessão seguinte, usando o mesmo material, fizemos uma pequena mudança. Definimos como nosso objetivo que as pessoas participassem mais rapidamente. Três minutos depois do início da sessão, pedimos que os participantes respondessem a uma curta pergunta instigante, escrevendo suas reflexões no *chat*. O entusiasmo pelo exercício foi visivelmente diferente dessa vez. Assim que pedimos, pudemos ouvir os sons dos teclados. As respostas eram imediatas. As ideias eram excelentes. Várias pessoas até comentaram uma segunda vez.

E não foi apenas o primeiro exercício que mudou. Os participantes estavam com mais energia e mais engajados durante toda a aula. A partir daquele ponto, eles pareciam aguardar o momento de participar – estavam esperando por isso. A sessão inteira mudou, tudo porque não houve a passividade anterior de oito minutos a ser superada. Acontece que todos os participantes precisavam se sentir envolvidos e parte disso era um começo pleno e rápido.

Estamos acostumados a ser passivos *on-line*. Nós nos conectamos e a primeira coisa que fazemos é desligar nossas câmeras – confirmando de certa forma que estamos ali apenas como um observador passivo. Talvez acabemos trocando de janela ou dando uma espiada na internet. Ou abrimos um *e-mail* que deve ser enviado após a reunião para não nos esquecermos de enviá-lo. Ou estamos nos esforçando ao máximo, mas temos dificuldade em focar. Começamos a nos desligar apesar de não querermos fazer isso. Nesse aspecto, nós nos parecemos muito com nossos estudantes.

Como professores, se não engajamos as pessoas imediatamente, permitimos que esses processos continuem despercebidos. Os participantes ficam cada vez mais passivos. Depois de dez minutos, você tem metade da participação que teria se tivesse feito a primeira pergunta em cinco minutos. Depois de 20 minutos, os nomes na tela começam a "pipocar" à medida que as câmeras vão sendo desligadas.

Uma boa regra de ouro para uma sala de aula tradicional – manter as pessoas ativas e interativas desde cedo – é mais que uma regra de ouro da aprendizagem *on-line*: Engajar as pessoas contínua e ativamente ao longo da sessão e incluir uma tarefa que requeira que todos respondam (no *chat* ou em uma Sala de descanso) nos primeiros três minutos. Nas aulas mais bem sucedidas que já assistimos, vimos essa regra confirmada confiavelmente.

É essencial que os professores não apenas recebam uma resposta mais forte e mais entusiástica dos estudantes quando incorporam pausas curtas frequentes para interagir, refletir e se engajar, tanto em ambientes síncronos quanto assíncronos, mas também que essas interações iniciem rapidamente. Estamos sempre em luta contra a maré da passividade, lembrando aos estudantes o quanto as aulas *on-line* exigem que sejam ativos. Se houver um termo crítico para entender como tornar a aprendizagem *on-line* mais efetiva, ele é: "Pontos de pausa", nossa denominação para curtos momentos interativos inseridos em uma lição.

PONTOS DE PAUSA: CEDO E COM FREQUÊNCIA

O ensino *on-line*, seja ele síncrono ou assíncrono, deve ter pausas frequentes – pelo menos a cada cinco minutos – para algum tipo de engajamento ativo a fim de garantir que os estudantes se sintam convidados a participar da aula, se envolvam e se dediquem.

Você pode ver Joshua fazer essa mudança em sua aula na KIPP St. Louis. Ele começa com o objetivo, descrevendo o que os estudantes farão. Segundos depois, passa para *Faça agora*. Está na hora da ação. Os estudantes pausam e respondem a cinco perguntas rápidas. Mesmo que a aula seja assíncrona, ele vai fazer tudo o que for possível para garantir que o ritmo seja rápido e as atividades sejam frequentes.

> ▶ **VÍDEO**
>
> **Videoclipe 6: Joshua Humphrey**
> apoio.grupoa.com.br/saladeaulaonline

Pontos de pausa frequentes e curtos transmitem uma mensagem clara: você estará ativamente envolvido. Mas eles fazem mais do que isso. Também são importantes segundo a perspectiva da memória de trabalho e da atenção. Consolidar o conhecimento e se engajar no conteúdo são coisas fundamentais em ambientes *on-line*.

Lembre-se de que a memória de trabalho é o que usamos quando estamos conscientes do pensamento. O ambiente para a solução de problemas e o pensamento de ordem superior são poderosos, mas também são limitados e facilmente sobrecarregados. Tente reler o parágrafo anterior e o reescreva em outro documento ou em um *e-mail*. Até onde você consegue ir sem se esquecer de palavras ou ter que voltar para checar novamente? Quatro ou cinco palavras? Talvez seis ou sete? Esse é um indício de que sua memória de trabalho está sendo utilizada em sua capacidade máxima. Quando isso acontece, você deixa de ser capaz de lembrar-se de coisas novas. Sua capacidade de executar habilidades fica reduzida, bem como sua percepção. Então você precisa aproveitar as oportunidades para renovar sua memória de trabalho.

A forma de renovar sua memória de trabalho é fazer alguma coisa com uma ideia. Pense a respeito. Fale a respeito. Mesmo alguns poucos segundos são suficientes para iniciar o processo de consolidação da ideia na memória de longo prazo, o que começa a liberar a memória de trabalho para um novo conteúdo. Em outras palavras, você pode ficar falando e falando, mas estará obtendo rendimentos marginais diminutos de tudo o que disser, a menos que pause e diga: "Converse com um colega. Que conexões você está fazendo?" ou "Anote algumas respostas iniciais para a história" ou "Agora que você sabe como resolver esses problemas, vamos tentar um".

Além do mais, como mostra uma ampla variedade de pesquisas, assim que os estudantes (bem, as pessoas) se conectam à internet, sua atenção começa a se dividir. Em um computador, o universitário típico (isto é, um estudante presumivelmente de sucesso) troca as janelas do seu navegador a cada 19 segundos. Entregues aos seus dispositivos, as pessoas irão submergir em seus aparelhos. Portanto não as deixe ociosas em um ambiente conectado. Force-as repetidamente a se engajarem de forma ativa. Você tornará o fio da instrução mais atraente – e será mais difícil que eles fiquem pulando de uma janela para outra.

QUATRO PROPÓSITOS DOS PONTOS DE PAUSA

Os Pontos de pausa que incluímos em nossas aulas devem ser atraentes, mesmo que com frequência sejam breves. Dito isso, nem todos os Pontos de pausa devem ser iguais, e devem servir a pelo menos quatro propósitos: devem 1) construir uma cultura de engajamento cognitivo e responsabilidade, 2) permitir o pensamento formativo, 3) possibilitar-nos a *Verificação da compreensão* e 4) oferecer uma oportunidade de consolidar a aprendizagem na memória por meio da *Prática da recuperação*.

1. Construir uma cultura de engajamento cognitivo e responsabilidade. É fundamental construir uma cultura que estabeleça as expectativas para o engajamento ativo e o hábito de atendê-las. Uma forma de desenvolver responsabilidade em ambientes síncronos e assíncronos pode ser carimbar a aprendizagem, fazendo com que os estudantes realizem o que chamamos de *Pare e anote*. Por exemplo, em uma aula sobre características geográficas da Mesopotâmia, um professor pode dizer: "Quais são as vantagens e as desvantagens de viver na Mesopotâmia? Pausem o vídeo agora e escrevam pelo menos duas vantagens e duas desvantagens". Antes de dar um passo adiante, o professor pode confirmar se os estudantes concluíram a tarefa de uma forma muito simples. Antes de apresentar suas notas, ele pode dizer algo como: "Bem-vindo de volta! Vamos comparar as suas listas com a minha".

Em um ambiente assíncrono, o risco com esse tipo de pausa é avançar o vídeo – quando os estudantes acidentalmente avançam para depois da pausa e pulam o trabalho ou deliberadamente decidem não pausar e pulam o trabalho, o que pode ser bastante tentador para um adolescente de 14 anos sem supervisão. Uma boa solução aqui, mas obviamente não infalível, é usar uma pista visual e algum silêncio estranho. Vejamos Chloe Hykin na Marine Academy Plymouth, por exemplo. Ela e seus colegas refletiram cuidadosamente sobre esse problema e o resolveram jogando um brilhante e claro sinal de "pausa" em seus *slides* quando é hora de pausar o vídeo. Mas não apenas isso, ela também frequentemente deixa uma quantidade razoável de tempo ocioso – um claro lembrete aos estudantes de que devem fazer uma pausa. Isso é eficaz, e os estudantes têm menos probabilidade de avançar o vídeo acidentalmente.

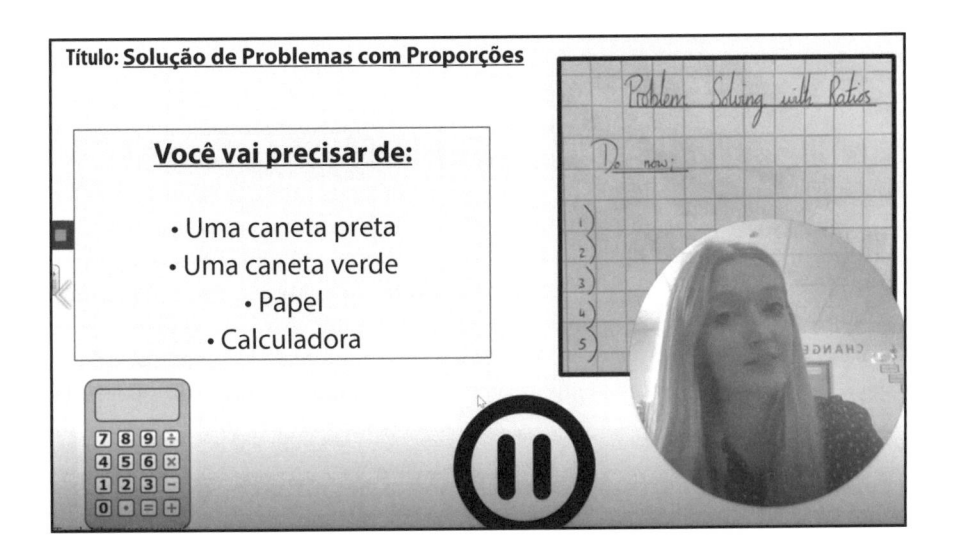

Em um contexto síncrono, os professores podem criar um ambiente ativo de algumas formas, por exemplo, fazendo os estudantes compartilharem com todos no *chat* suas respostas a uma questão importante. A quantidade de respostas que chegam quando os estudantes compartilham sua resposta com toda a classe é uma ótima maneira de promover hábitos de discussão.

Ou, então, o professor pode optar por pedir que os estudantes primeiro pensem individualmente e façam anotações com lápis e papel. Por exemplo, o professor pode perguntar: "Os benefícios de viver na Mesopotâmia compensavam os custos? Usem os próximos 60 segundos para anotar suas ideias em seu caderno". Com esse movimento, ele fez algumas coisas: preparou os estudantes para terem ideias consistentes, caso sejam chamados a participar; tornou mais fácil para ele pedir que os estudantes compartilhem seus pensamentos; e socializou os estudantes para usarem uma ferramenta não baseada em dispositivos para processarem a sessão. Ele também introduziu alguma variação à aula e fez com que os estudantes usassem um meio de processamento de ideias do qual terão um registro (e com o qual, pesquisas sugerem, eles lembrarão melhor).

Mas nem sempre a escolha é do tipo "ou/ou". Um professor pode quase tão facilmente combinar as duas formas de escrita, perguntando: "Os benefícios de viver na Mesopotâmia compensavam os custos?". Ao final dos 60 segundos, ele pode acrescentar: "Vou pedir que vocês compartilhem uma de suas ideias no *chat*". Desse modo, não são apenas duas rodadas de engajamento que mantêm os estudantes responsáveis pelo envolvimento ativo, mas *dois tipos diferentes* de envolvimento: primeiro uma rodada de pensamento informal na forma de um *brainstorm* pessoal, depois uma seleção e um refinamento de uma ideia para compartilhar com os demais. Usar diferentes tipos de envolvimento pode realmente ajudar a apoiar uma cultura de engajamento cognitivo e responsabilidade.

Também é importante notar que uma das fragilidades da instrução síncrona é nossa capacidade (ou incapacidade) de realmente ir mais fundo nas ideias. Há um limite no que os estudantes podem escrever no *chat*. Mas, sobrepondo diferentes Pontos de pausa (p. ex., primeiro escreva informalmente, depois compartilhe, então vá para uma Sala de descanso e discuta a resposta que você escolheu) e conectando-os, podemos atingir algo mais próximo dos mergulhos profundos da sala de aula física.

A ideia de pedir que os estudantes se engajem no conteúdo de várias maneiras, por breves períodos, com pausas espaçadas durante a sessão, se aplica tanto a ambientes síncronos quanto a assíncronos, mesmo que as ferramentas da sessão assíncrona e sua habilidade de ver a execução sejam mais limitadas. O uso de ferramentas consistentes nos dois tipos de contextos pode ser útil. Por exemplo, Amanda Moloney, da Ballarat Clarendon College, em Victoria, Austrália, incluiu miniquadros brancos em seu *slide* de materiais para uma aula assíncrona, assim como faria em uma síncrona.

> **VOCÊ VAI PRECISAR DE:**
>
> - Caderno de matemática quadriculado
> - Lápis preto e vermelho
> - Miniquadro branco
> - Marcador e apagador para quadro branco

Ela vai pedir que os estudantes usem esse material para responder às perguntas. Este é um exemplo:

> **ABERTURA DA AULA 1** MINI WHITEBOARDS
>
> 35, 40, 45, $\underline{50}$, $\underline{55}$, $\underline{60}$, $\underline{65}$ + ___
> $+5 \quad +5 \quad +5$
>
> Contagem regressiva (de 2 em 2) de $\underline{30\ \text{até}\ 0}$
>
> Contagem progressiva (de 4 em 4) de $\underline{4\ \text{até}\ 48}$

Usar miniquadros brancos permite que mãos pequenas apaguem rapidamente e com facilidade. Também permite que Amanda crie um exemplo em PowerPoint que seja muito parecido com o que eles estão trabalhando. Mais do que isso, ao indicar o uso de quadros brancos em suas aulas assíncronas, ela está reforçando um hábito usado em aulas síncronas. De certo modo, está dizendo que, mesmo que não esteja assistindo os estudantes realizarem as aulas assíncronas, essas aulas têm a mesma importância e devem ser abordadas com as mesmas ferramentas, como se ela estivesse ali.

Sincronamente, pedir que os estudantes trabalhem em miniquadros brancos e que os ergam diante de suas telas aumenta a abrangência do que podem escrever e compartilhar. Desde problemas matemáticos até diagramas e ortografia e vocabulário, a lista de possibilidades é interminável. Também permite que eles escrevam com letras maiores e, portanto, mais fáceis de compartilhar: "Jason, erga seu quadro branco e todos nós estudaremos seu trabalho e estaremos prontos para avaliar". A utilização de quadros brancos nos dois ambientes faz deles um hábito consistente, com o qual os estudantes se sentem confortáveis e familiarizados.

Também há muitas ferramentas simples para construir uma cultura de responsabilidade. Em nossa investigação de Procedimentos e rotinas (Capítulo 6), discutimos a importância de ter as "câmeras ligadas". Depois disso feito, você poderá solicitar todos os tipos de pequenas respostas visuais. "Polegares para cima quando tiverem terminado a leitura da passagem" ou "Ergam a mão se tiveram uma resposta parecida com a de Bethany". Mesmo interações tão simples como essa podem conectar o circuito e ajudar a manter os estudantes engajados e ativos. Essa é apenas uma das razões por que preferimos que os estudantes ergam a mão fisicamente diante da tela, em vez de usarem uma mão digital, como algumas plataformas permitem. Erguer a mão fisicamente também é mais rápido. Isso acontece imediatamente e parece mais humano e pessoal. Quando lhes respondemos: "Certo, algumas pessoas precisam de um pouco mais de tempo. Vou lhes dar mais alguns segundos" ou "Sim, eu dei a mesma resposta à ideia de Bethany", comunicamos: "Eu vejo vocês, vejo que estão trabalhando com dedicação e valorizo sua participação".

2. Permitir o pensamento formativo entre os estudantes. Na seção anterior, descrevemos um professor perguntando aos estudantes: "Os benefícios de viver na Mesopotâmia compensavam os custos? Usem os próximos 60 segundos para anotar suas ideias em seu caderno. Vou pedir que vocês compartilhem uma de suas ideias no *chat*". Isso proporciona outra oportunidade que é especialmente valiosa: a oportunidade para o pensamento formativo entre os estudantes.

Depois dessa sequência, o professor pode pedir que os estudantes leiam no *chat* as conclusões de seus pares e discutam ou respondam verbalmente. Em outras palavras, o Ponto de pausa acabaria com os estudantes respondendo e desenvolvendo as *ideias uns dos outros*.

Na aprendizagem remota, os estudantes estão não só afastados de você, seu professor. Eles também estão afastados de seus colegas e das ideias dos demais. O uso de Pontos de pausa para romper esse isolamento – para incluir as próprias ideias em desenvolvimento na conversa com os pares – é fundamental para o engajamento cognitivo e o pensamento formativo.

Por exemplo, considere este vídeo de Arrianna Chopp, do Libertas College Prep, em Los Angeles, Califórnia. Nele, ela e os estudantes se engajam em uma discussão sobre o romance *Esperanza rising*. Observe como Arrianna inicialmente estimula os estudantes a pensarem por escrito antes de passar para a discussão. Primeiramente, ela faz referência a inferências anteriores que os estudantes haviam feito. "Dois capítulos atrás, todos vocês disseram que ela [Esperanza] está se tornando um personagem dinâmico". Então pergunta: "Como ela está se tornando um personagem dinâmico – um personagem que está mudando? Por favor, durante um minuto escrevam isso nos comentários". Depois que os comentários circulam no *chat*, Arrianna facilita uma discussão. Observe como os estudantes dão continuidade aos pensamentos uns dos outros – evidência de fortes hábitos de discussão e de uma cultura vibrante entre os pares.

> ▶ **VÍDEO**
>
> **Videoclipe: Arrianna Chopp, "Las Ciruelas"**
> apoio.grupoa.com.br/saladeaulaonline

Os Pontos de pausa para pensamento formativo também podem funcionar em ambientes assíncronos. Um professor pode perguntar: "Que características geográficas podem ter atraído os nômades para se instalarem na Mesopotâmia? Pausem o vídeo agora e acrescentem suas ideias na minha publicação no Google Classroom". Os estudantes então conseguiriam ver as respostas dos seus pares à publicação do professor no Google Classroom e editá-las ou acrescentá-las à sua resposta inicial. Para ver como estão se saindo – e incorporar novas ideias ao seu próprio pensamento –, os estudantes precisam comparar suas respostas com as de seus pares.

Em uma aula síncrona, um professor pode publicar a mesma pergunta, mas usar uma resposta escrita por um estudante como estímulo para uma discussão. Pode ser até mesmo da tarefa de casa do dia anterior – "Deixem-me mostrar algo muito ponderado que Katia escreveu. Quero pedir que vocês reflitam sobre isso." – ou da participação no momento – digamos, um comentário selecionado no *chat* ou extraído de uma Google Sheet compartilhada. (Imagine uma versão *on-line* de um *Mostre o texto*.) Os estudantes podem discutir as ideias dos seus pares em Salas de descanso ou por meio de suas próprias respostas escritas. Assim como na técnica *Mostre o texto* nas salas de aula tradicionais, sugerimos fortemente o compartilhamento do trabalho escrito, pois o trabalho escrito é permanente. Ele permite que os estudantes o examinem e o revisitem com atenção. (E uma das melhores atividades finais para uma discussão é pedir que os estudantes revisem a declaração original a fim de refletir o que aprenderam.)

3. Possibilitar uma verificação da compreensão. Verificar a compreensão é, sem dúvida, mais desafiador quando estamos ensinando remotamente. E como nossa didática precisa mudar com base no grau em que os estudantes entenderam o que ensinamos, isso também é igualmente importante, se não mais, em um ambiente *on-line*. E embora a *Verificação da compreensão* seja o tema principal do próximo capítulo, não podemos deixar de observar aqui que os Pontos de pausa proporcionam ótimas oportunidades para fazer uma leitura do quanto seus estudantes compreendem.

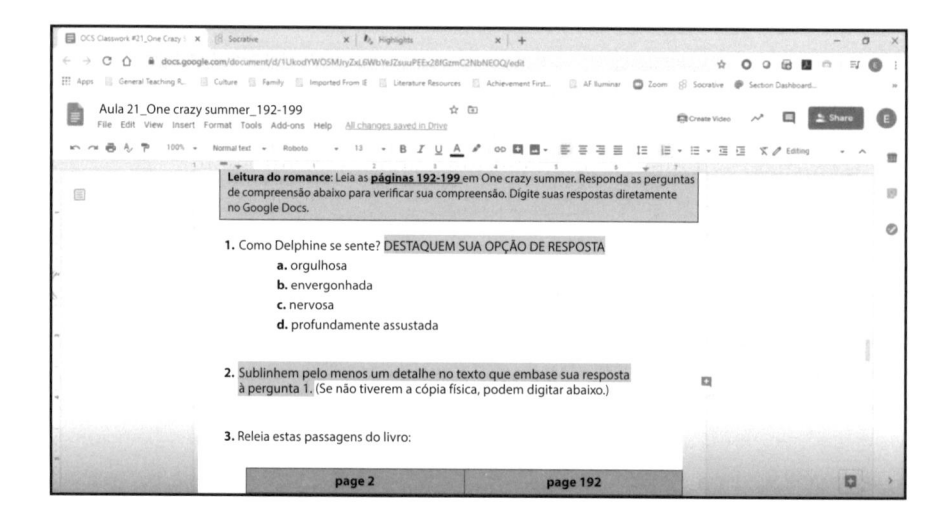

Em um exemplo síncrono, Eric Snider, da Achievement First Iluminar Mayoral Academy Middle School, em Rhode Island, está ensinando o romance *One crazy summer*. Logo após uma leitura, ele usa um Ponto de pausa para fazer uma pergunta – para fazer um teste rápido (uma *Verificação da compreensão*). Ele quer reunir dados sobre onde os estudantes se encontram, portanto pede que lhe mandem suas respostas pelo *chat*. Enquanto revisa o *chat*, ele está procurando menos por comentários sobre os quais se basear e refletir, e mais por uma noção do quadro completo: eles compreendem? Caso compreendam, quantos deles compreendem? Se não compreendem, que erros estão cometendo?

> ▶ **VÍDEO**
>
> **Videoclipe: Eric Snider, "Delphine sente-se orgulhosa"**
> apoio.grupoa.com.br/saladeaulaonline

Depois da sua análise, Eric constata que a classe está dividida. Vendo a necessidade de corrigir isso, ele discute por que uma das opções da resposta incorreta estava errada, eliminando essa opção para a classe. Seu movimento seguinte é fazer com que os estudantes voltem às suas opções de respostas, reavaliem as evidências e escolham a melhor resposta possível. Ele não presume que sua explicação automaticamente tenha resolvido o problema, e, de fato, seu acompanhamento revela o contrário. Os estudantes ainda estão confusos. Mas simplesmente saber que existe um problema cria uma oportunidade para abordá-lo. E foi necessário apenas um momento de pausa para Eric ter essa percepção.

Quando se trata da *Verificação da compreensão*, a frequência é fundamental. Bons professores criam um hábito de regularmente fazer verificações durante a sessão. Estabelecer uma expectativa sobre esses tipos de interação em torno do conteúdo como normais cria muitas oportunidades para avaliar e responder. Entremear regularmente suas aulas com esses tipos de verificação fica mais fácil e natural usando os Pontos de pausa.

Não só a frequência é importante, mas também a verificação no começo da aula. Se os estudantes não compreendem alguma coisa, você vai querer saber imediatamente. Esse é um dos primeiros momentos da aula de Eric. Como você verá no vídeo, os estudantes muito frequentemente são capazes de ajudar uns aos outros. Aqui Eric conta com Solaree para explicar a solução aos seus pares. O clipe destaca um momento maravilhoso e uma estratégia de ensino que funciona muito mais efetivamente quando os Pontos de pausa são uma parte regular das suas aulas – quando os estudantes já têm o hábito de ouvir e valorizar as ideias uns dos outros.

Em um ambiente assíncrono, os movimentos do professor para a *Verificação da compreensão* são similares, mas o ciclo do *feedback* é defasado. Os estudantes compartilham sua compreensão enviando uma foto do seu trabalho, apresentando um Google Doc ou filmando um vídeo em que falam sobre suas reflexões, apenas para citar algumas opções. Assim, embora os professores ainda possam ter acesso à compreensão dos estudantes, a análise vem depois do fato, e não no momento.

Segundo uma perspectiva dos Pontos de pausa, a aula de George Bramley, da Brigshaw High School, em Leeds, Inglaterra, é um trabalho de arte. Como mostra a Google Sheet que os estudantes dele preenchem, ele planejou dezenas de interações curtas para diferentes tipos de atividades: tomar notas, reagir e predizer. Depois que eles entregarem esse documento, George terá todos os dados de que precisa para obter uma noção clara do quanto eles compreendem as ideias centrais da sua aula. Mas algumas vezes todos esses dados são muito mais do que você precisa, e se for examinar 30 respostas, muitos Pontos de pausa podem rapidamente se tornar inviáveis. Nesse caso, você pode considerar uma amostra representativa.

> ▶ **VÍDEO**
>
> **Videoclipe 19: George Bramley**
> apoio.grupoa.com.br/saladeaulaonline

Digamos que sua aula assíncrona tem seis ou sete Pontos de pausa em que você pede que os estudantes pausem e completem o trabalho ou respondam a ideias. Então, no fim do vídeo, você pode dizer: "Ótimo, eu gostaria de ver os trabalhos das questões dois e cinco da sessão de hoje. Por favor, me mandem essas questões por *e-mail* [ou mandem mensagem com uma foto ou respondam na Google Sheet]". Desse modo, os estudantes ainda têm um incentivo para fazer todo o trabalho, mas a sua carga de correção é um pouco mais administrável.

Sabemos que a aprendizagem *on-line* pode ser limitante. Em um ambiente assíncrono, estamos dando um ato de fé com nossos Pontos de pausa. E embora estejamos confiando que nossos estudantes não estão avançando mais rápido nossos vídeos para ter apenas uma ideia geral da aula, também não somos ingênuos. Para melhor garantir que os estudantes façam o trabalho das aulas assíncronas, é muitíssimo importante incluir Pontos de pausa e diversificar o que você solicita em um determinado momento. Para auxiliar na construção desse controle através da tela, você pode usar o símbolo da pausa para indicar quando eles devem pausar seus vídeos, exibir um cronômetro e deixá-lo funcionando em tempo real enquanto eles refletem, ou tentar trabalhar "ao lado" dos seus estudantes.

Também entendemos que, especialmente em um ambiente assíncrono, o professor pode perceber que um estudante está compreendendo mal só muito mais tarde do que isso aconteceria se ele estivesse com os estudantes na sala de aula. O mesmo pode acontecer em um ambiente síncrono. Para combater isso, é imperativo fechar o ciclo do *feedback*. Quando o estudante pode comparar suas respostas com um modelo do professor, seja em tempo real ou por meio de uma avaliação feita posteriormente, há uma compreensão mais abrangente do que ele sabe.

4. Usar a Prática da recuperação. Conforme descreveram diversos livros importantes recentes explorando os achados na ciência cognitiva – incluindo *Por que os alunos não gostam da escola?*, de Daniel Willingham, e *Make it stick*, de Peter Brown, Henry Roediger e Mark McDaniel –, a memória de longo prazo é muito mais importante do que a maioria dos professores reconhece. A maior parte do que os estudantes aprendem, eles esquecem. O psicólogo alemão do século XIX, Hermann Ebbinghaus, documentou pela primeira vez a continuidade e a confiabilidade com que esquecemos o que aprendemos. Ele representou isso graficamente em algo chamado de "curva do esquecimento". Um dia depois de aprender alguma coisa, geralmente já nos esquecemos de mais da metade, mesmo em condições ideais. Mas a aprendizagem *on-line* não é a condição ideal e, embora ninguém tenha traçado uma curva do esquecimento comparativa para coisas aprendidas *on-line*, é provável que a curva seja ainda mais inclinada devido ao fato de que a maior parte das funções da aprendizagem é menos efetiva nesse ambiente. É fácil negligenciar isso, mas uma das melhores coisas a fazer em um Ponto de pausa é dedicar alguns minutos à *Prática da recuperação*, em que os estudantes relembram e replicam o conteúdo previamente dominado. Este vídeo de nossa colega Emily Badillo usando a *Prática da recuperação* para reforçar as ideias principais durante uma aula sobre *A revolução dos bichos* (*Animal farm*) como parte do nosso currículo de Leitura Inglesa Revisitada é um bom exemplo.

> ▶ **VÍDEO**
>
> **Videoclipe 20: Emily Badillo**
> apoio.grupoa.com.br/saladeaulaonline

Emily faz um excelente trabalho de "Dissolução da tela" e cria uma atmosfera como a de um *game*. Ela usa o cronômetro e contagens regressivas para acrescentar uma urgência lúdica ao exercício. Ele parece "gameficado". Adoramos como ela não pede que os estudantes pressionem a pausa enquanto trabalham. Os exercícios são cronometrados, portanto Emily mantém o relógio funcionando "ao vivo", fazendo a coisa toda parecer um pouco mais atraente. E, é claro, ela acrescenta a

Responsabilização para encerrar o exercício. Ela não só pede que os estudantes façam autocorreção, como também pede que enviem por mensagem uma foto do seu trabalho, usando esse Ponto de pausa não apenas para a *Prática da recuperação* do estudante, mas também para a *Verificação da compreensão*.

No que algumas vezes pode parecer um fluxo constante de tempo *on-line*, os Pontos de pausa podem até mesmo servir a um quinto propósito – quebrar a monotonia do dia. Sabemos que ensinar através de uma tela não se compara com a vibrante variedade da sala de aula presencial, mas há coisas que você pode fazer para assegurar que suas aulas não passem a impressão de "*webinars* para estudantes". Os Pontos de pausa permitem pequenos momentos de *insight*, de conexão e de variedade – no seu dia e no dia dos estudantes. Então use-os, pois parece seguro assumir que todos nós podemos usar um pouco mais de todas essas coisas.

PONTOS DE PAUSA: REVISÃO

- "Pontos de pausa" são momentos interativos curtos inseridos em uma aula. Eles podem e devem assumir uma variedade de formas.
- **Pontos de pausa: cedo e com frequência:** Ao ensinar remotamente (síncrona ou assincronamente), é importante pausar com frequência para se engajar de forma ativa. Além de transmitir a mensagem de que os estudantes precisam estar atentos, intervalos curtos e frequentes também são importantes para preservar a memória de trabalho e a atenção – ambas essenciais em ambientes remotos.
- **Quatro propósitos dos Pontos de pausa:** Os Pontos de pausa servem pelo menos a quatro propósitos: eles 1) constroem uma cultura de engajamento cognitivo e responsabilidade, 2) permitem o pensamento formativo, 3) possibilitam-nos a *Verificação da compreensão* e 4) oferecem a oportunidade de consolidar a aprendizagem na memória por meio da *Prática da recuperação*. Eles também ajudam a subdividir o dia.

CICLOS DE AVALIAÇÃO E VERIFICAÇÃO DA COMPREENSÃO

EMILY BADILLO
JEN RUGANI
HANNAH SOLOMON

A verificação da compreensão está na essência do ensino e da aprendizagem. Para fazermos nosso trabalho da forma mais efetiva possível, precisamos saber constantemente o que os estudantes pensam e como esse pensamento muda no curso da aula. Parafraseando John Wooden, nosso objetivo é reconhecer a diferença entre "Eu ensinei" e "Eles aprenderam". Esse é um dos desafios mais significativos do ensino, mesmo quando estamos em uma mesma sala com nossos estudantes. Quando estamos todos *on-line*, os desafios se multiplicam.

Na sala de aula, avaliamos a compreensão dos estudantes lendo sobre seus ombros, observando suas reações e ouvindo-os durante as discussões. Enquanto as avaliações nos ajudam a ver a lacuna entre ensino e aprendizagem no final de uma lição, a verificação da compreensão durante uma atividade permite que os professores efetivamente "leiam a sala", obtendo uma noção das ideias e interpretações equivocadas dos estudantes à medida que elas surgem. Os estudantes podem atingir muito melhor o domínio se identificamos interpretações equivocadas assim que elas surgem e então encontramos a melhor maneira de abordá-las. E como as interpretações equivocadas tendem a ter um efeito de bola de neve e a se tornar mais arraigadas, reconhecê-las e abordá-las rapidamente é essencial.

On-line, porém, as coisas são diferentes. Nossos pontos de contato com os estudantes são limitados, o que torna a verificação da compreensão mais difícil do que ela já é. Subitamente nos encontramos sem muitas das ferramentas informais baseadas na experiência coletiva e imersiva da sala de aula. Não é possível fazer leituras sobre os ombros dos estudantes a quilômetros de distância, e é difícil verdadeiramente entrar em sintonia com o afeto e a linguagem corporal de uma pessoa pela minúscula janela de uma chamada pelo Zoom ou a partir de uma entrega de trabalho por *e-mail* depois da aula. E nossa aula pode nem mesmo ser ao vivo. Podemos tê-la gravado sozinhos em nossa sala de estar e a enviado para os estudantes, esperando pelo melhor. Em todas as conversas que já tivemos com professores desde que a sala de aula passou a ser *on-line*, a mesma pergunta surge repetidamente: "Como sei que os estudantes estão fazendo o trabalho e em que medida estão tendo sucesso?".

Temos visto muitos professores fazendo a *Verificação da compreensão* por meio dos "ciclos de avaliação" – momentos em que pedem que os estudantes realizem uma tarefa que será avaliada em comparação com um modelo de alguma maneira, seja pelo professor ou pelos próprios estudantes. Para os professores, os ciclos de avaliação são uma maneira de coletar dados e monitorar a compreensão dos estudantes; para estes, os ciclos de avaliação criam oportunidades frequentes para consolidar a compreensão e desenvolver habilidades de autoavaliação. Eles também criam uma cultura de responsabilidade coletiva – uma cultura em que os estudantes se sentem responsáveis por realizar seu trabalho e confiantes de que, fazendo isso, irão melhorar sua aprendizagem. Vimos professores usarem três tipos específicos de ciclos de avaliação para verificar a compreensão: avaliação implícita, avaliação em tempo real e avaliação com defasagem. Como cada tipo tem seus benefícios e suas limitações, para obter um quadro mais completo da compreensão do estudante, o melhor é uma abordagem balanceada.

AVALIAÇÃO IMPLÍCITA

A avaliação implícita envolve os estudantes verificarem seu trabalho comparando com um modelo, geralmente com o entendimento de que o trabalho não será apresentado. Durante uma aula, os professores podem pausar para permitir que os estudantes realizem uma tarefa curta, depois compartilham um modelo, destacam alguns erros e/ou explicam como os estudantes deveriam ter chegado à resposta correta. Enquanto fazem isso, os professores usam uma linguagem que comunica aos estudantes uma responsabilidade pela autoavaliação e revisão: "Cuidem para corrigir qualquer erro" ou "Não deixem de revisar suas respostas para acrescentar o que estiver faltando". Embora vejamos isso mais comumente em aulas assíncronas, as aulas síncronas também podem incluir momentos de avaliação implícita por questão de tempo ou para aumentar a apropriação do estudante da sua aprendizagem.

Vamos considerar um momento de avaliação implícita da aula de matemática para o ensino médio de Joshua Humphrey, na KIPP St. Louis. Nesta atividade assíncrona, os estudantes devem pausar o vídeo para completar independentemente o *Faça agora*. Depois disso, Joshua revisa, usando animações simples para destacar as respostas corretas. Os estudantes não vão apresentar seu trabalho a Joshua, mas precisarão entender esses conceitos para realizar o trabalho que será dado mais tarde na aula. O ritmo é rápido – Joshua gasta menos de dois minutos revisando o *Faça agora* e encoraja os estudantes a verificarem suas próprias respostas. Em uma questão mais complexa, ele explica brevemente uma resposta equivocada comum antes de revelar a correta. Ele diz: "Número 3, o erro mais comum aqui foi A... mas a palavra-chave aqui é a soma... portanto temos que usar parênteses". Suas animações destacam primeiro o erro, depois a resposta correta, ajudando os estudantes a verificarem seu trabalho e a reconhecerem um equívoco comum. Mesmo *on-line* em um ambiente assíncrono, criar esses tipos de oportunidade para os próprios estudantes verem e corrigirem os erros torna a análise do erro uma ferramenta valiosa para a *Verificação da compreensão*.

> ▶ **VÍDEO**
>
> **Videoclipe 21: Joshua Humphrey**
> apoio.grupoa.com.br/saladeaulaonline

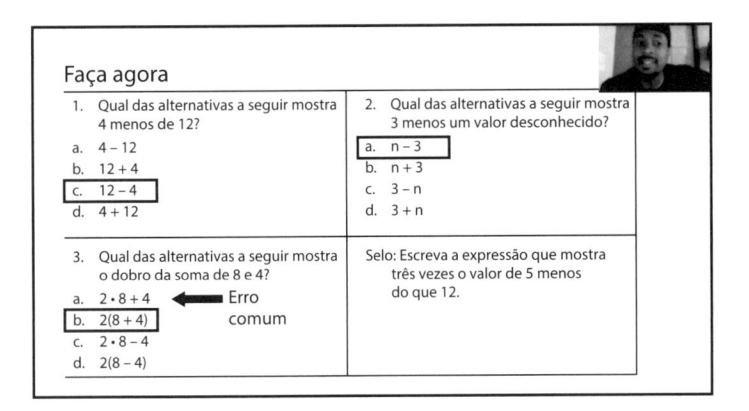

Faça agora	
1. Qual das alternativas a seguir mostra 4 menos de 12? a. 4 – 12 b. 12 + 4 **c. 12 – 4** d. 4 + 12	2. Qual das alternativas a seguir mostra 3 menos um valor desconhecido? **a. n – 3** b. n + 3 c. 3 – n d. 3 + n
3. Qual das alternativas a seguir mostra o dobro da soma de 8 e 4? a. 2 • 8 + 4 ← Erro comum **b. 2(8 + 4)** c. 2 • 8 – 4 d. 2(8 – 4)	Selo: Escreva a expressão que mostra três vezes o valor de 5 menos do que 12.

Seth Kumar-Hull, um professor dos anos iniciais do ensino fundamental no Creo College Prep, no Bronx, marca um Ponto de pausa durante a leitura com um momento de avaliação implícita. Essa é uma aula assíncrona, e os estudantes estão lendo um texto incorporado de não ficção sobre a resistência dinamarquesa para auxiliar na compreensão de *Um caminho na noite* (*Number the stars*), de Lois Lowry. Seth lê o texto em voz alta, faz uma pausa depois do primeiro parágrafo e diz: "Seu trabalho aqui será explicar qual é a ideia principal desta seção. Tentem usar a palavra 'arriscado' no seu trabalho. Trinta segundos, pausa, ação!".

> ▶ **VÍDEO**
>
> **Videoclipe 22: Seth Kumar-Hull**
> apoio.grupoa.com.br/saladeaulaonline

Depois de permitir um momento para os estudantes pausarem o vídeo e fazerem suas anotações, Seth reinicia. "Verifiquem se sua resposta está parecida com a minha. Eu disse que os dinamarqueses achavam que era muito arriscado se envolver em outra guerra." Ele então insere sua ideia em outro documento para anotações, demonstrando o processo a ser trilhado pelos estudantes e dando a eles um exemplo claro para seu próprio trabalho.

Embora tipicamente associemos a avaliação implícita ao trabalho escrito, em uma aula nos anos iniciais do ensino fundamental, esses momentos também podem ocorrer em voz alta. Por exemplo, em sua aula na Brooklyn RISE Charter School, Davis Piper usa *flashcards* para revisar *sight words* com os estudantes. Para cada palavra, ele mostra o cartão, repete a palavra duas vezes e faz uma pausa para os estudantes também dizerem a palavra. Em palavras difíceis, ele repete a pronúncia para que os estudantes possam ouvir a diferença entre a palavra que eles disseram e a forma como ele a lê.

Normalizando o erro e a revisão

Os ciclos de avaliação implícita oferecem oportunidades para normalizar o erro e desenvolver bons hábitos em torno da revisão na cultura das suas aulas. Em um de nossos clipes favoritos da Marine Academy Plymouth, em Plymouth, Inglaterra, Chloe Hykin faz exatamente isso.

Durante seu vídeo, Chloe frequentemente lembra os estudantes de que, se estiverem com dificuldades, podem obter apoio – e onde obtê-lo. "Se estiverem olhando para estas duas questões aqui, separar em proporções, e não se lembram como fazer ou não têm 100% de certeza, parem o vídeo agora e assistam ao vídeo do Nível 2. Se estiverem se sentindo confiantes... façam esta *Prática da recuperação*." Desse modo, os estudantes podem prosseguir com base na autoavaliação da sua compreensão.

> **VÍDEO**
>
> **Videoclipe 23: Chloe Hykin**
> apoio.grupoa.com.br/saladeaulaonline

Esse nível de opcionalidade ajuda a normalizar o erro e as dificuldades – os estudantes são encorajados a monitorar a própria compreensão e a fazer escolhas informadas sobre como melhor proceder – e oferece uma ação concreta que eles podem realizar para revisar, além de apenas corrigirem suas respostas.

Em outro vídeo da Marine Academy Plymouth, Jen Brimming dá uma aula assíncrona de literatura inglesa para o ensino médio. Ela pede que os estudantes pausem o vídeo para realizar *Pare e anote*, explicando como a imagem na sua tela é um exemplo de exploração, um termo que ela definiu com as palavras-chave sublinhadas.

> **VÍDEO**
>
> **Videoclipe 24: Jen Brimming**
> apoio.grupoa.com.br/saladeaulaonline

Depois da pausa, ela exibe uma resposta. Em vez de exibir a resposta correta, como muitos professores fariam, Jen destaca uma resposta provável dos estudantes – uma que está no caminho certo, mas não corresponde ao seu modelo. Isso lhe permite dar um *feedback* voltado para a revisão, e, aos estudantes, reconhecer a lacuna nas suas respostas.

Ela relê a definição de exploração, enfatizando que a definição completa tem duas partes principais, e dá *feedback* para a revisão. Então acrescenta uma segunda ideia à sua primeira resposta, um claro lembrete visual da importância da revisão.

Ao dividir a resposta modelo nessas duas partes, ela assegura que os estudantes que deixaram passar o segundo elemento mais sutil possam ver claramente a lacuna na sua compreensão e que tenham a oportunidade de completar essa lacuna por meio da revisão. Ela encerra a revisão com uma oportunidade de reescrever. A revisão é incorporada à estrutura da aula, criando uma cultura de autoavaliação e responsabilidade dos estudantes.

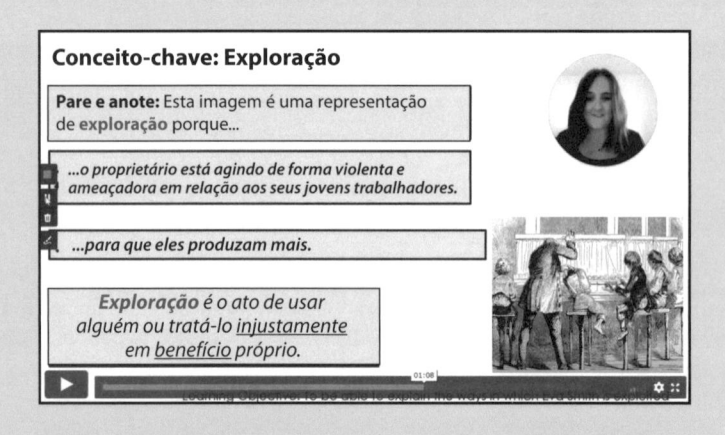

Conceito-chave: Exploração

Pare e anote: Esta imagem é uma representação de exploração porque...

...o proprietário está agindo de forma violenta e ameaçadora em relação aos seus jovens trabalhadores.

...para que eles produzam mais.

Exploração é o ato de usar alguém ou tratá-lo injustamente em benefício próprio.

Benefícios e limitações da avaliação implícita

Quando está intencionalmente incorporada à cultura da aula, a avaliação implícita pode ajudar a melhorar a autoconsciência e a apropriação da aprendizagem entre os estudantes. Quando são responsáveis pelo monitoramento do seu progresso, eles desenvolvem independência e responsabilidade pessoal em relação ao seu trabalho. Se pudermos atingir isso de forma consistente, esse será um ganho real.

A avaliação implícita também mantém o ritmo e o fluxo da lição. Além disso, como as atividades frequentemente são realizadas com papel e lápis, elas proporcionam um intervalo no trabalho com as telas. Avaliação implícita também significa um menor esforço para os professores na avaliação e no acompanhamento individual.

Entretanto, ela requer um ato de fé; alguns estudantes provavelmente verificarão seu trabalho atentamente, mas outros podem não fazer o mesmo. Durante aulas assíncronas, os estudantes podem deixar passar as orientações para pausar o vídeo, acidentalmente não dando pausa e ouvindo a resposta antes de ter tido a chance de responder. Alguns podem até mesmo fazer isso deliberadamente, sabendo que podem economizar muito esforço deixando de fazer a pausa e descobrindo a resposta correta sem realizar o trabalho.

Além do fato de fazerem o trabalho ou não, o que os estudantes obtêm das tarefas da avaliação implícita pode ser uma questão ainda maior. Alguns realizam as tarefas, mas ainda assim não aprendem muito com elas. Dizem os cientistas cognitivos que isso ocorre porque os iniciantes não percebem como os especialistas a diferença entre uma resposta errada e um modelo.

De acordo com o efeito Dunning-Kruger, quanto menos você sabe a respeito de uma coisa, menos consciência tem da qualidade do seu trabalho. Assim sendo, o inconveniente de dizer: "Se a sua resposta se parecer com isto, é porque vocês foram direto ao ponto", é que estudantes cujas respostas não eram nada parecidas com as suas podem, de boa-fé, pensar: *Sim, isso é quase o que eu disse*, e nem eles nem você saberiam a diferença. Ao usar a avaliação implícita, precisamos nos dar conta de que muitos estudantes que acham que responderam corretamente na verdade não o fizeram e podem não ser capazes de revisar seu trabalho acuradamente.

Dicas para o sucesso na implementação

- Anteceda a pausa com um lembrete sobre o propósito; seja explícito sobre como cada tarefa será usada posteriormente na aula.
- Em uma aula assíncrona, tente manter o vídeo rodando durante o tempo de atividade previsto, em vez de pedir que os estudantes pausem. Isso aumenta a probabilidade de eles realizarem a tarefa. Mostre um cronômetro em contagem regressiva ou narre a marcação da hora ("Já se passou um minuto, agora vocês têm ainda 90 segundos.") para marcar o progresso. Na *Prática da recuperação* de Kim Griffith, por exemplo, um círculo se preenche gradualmente, ajudando os estudantes a verem e a monitorarem o tempo que resta.
- Ofereça oportunidades para revisar após a revelação do pensamento modelo. Para "fechar o ciclo" na avaliação implícita, os estudantes precisam aproveitar o tempo para comparar suas respostas com um modelo e fazer mudanças de acordo com ele.

> **Prática da recuperação**
>
> 1. Karl _____ publicou o _____ que instruía o _____ a derrubar a _____.
>
> 2. Quem na Granja do Solar poderia ser considerado parte da **burguesia**?
>
> 3. Cite uma diferença importante entre **capitalismo** e **comunismo**.
>
> 4. Os três elementos do triângulo _____ são *ethos*, _____ e *pathos*.
>
> 5. Cite as duas características principais de uma **fábula**.
>
> Teach Like a CHAMPION®
> Uncommon Schools

- Seja criterioso sobre como você revisa as respostas para que os estudantes possam verificar acuradamente o próprio trabalho. Por exemplo, você pode dar uma tarefa visível ("Faça uma marcação ao lado de cada um dos seguintes termos que você incluiu") ou explicar uma gama de respostas corretas.
- Seja transparente quanto aos erros previstos. Revise possíveis erros enquanto normaliza o erro e encoraja os estudantes em seu pensamento.

AVALIAÇÃO COM DEFASAGEM

Avaliação com defasagem refere-se aos momentos na aula em que os estudantes são solicitados a realizar e apresentar uma atividade que os professores irão avaliar posteriormente. Isso permite que os professores façam a *Verificação da compreensão* durante tarefas mais importantes, além de auxiliar no *Ritmo* da aula. Vemos isso tanto nas aulas síncronas quanto nas assíncronas. De fato, a vasta maioria das aulas a que assistimos incluem alguma forma de avaliação com defasagem – avaliação em a que os estudantes recebem *feedback* e os professores veem onde eles se encontram em seu pensamento depois de algum tempo.

Em sua aula de literatura avançada na Uncommon Preparatory High School, no Brooklyn, Sara Sherr pede que os estudantes pausem o vídeo e usem os próximos seis minutos para digitar suas respostas. Ela dá informações claras sobre o que a resposta deve incluir ("um argumento, uma evidência e um enfoque"). As orientações, assim como algumas opções sobre o que os estudantes devem fazer se ficarem travados, aparecem na tela.

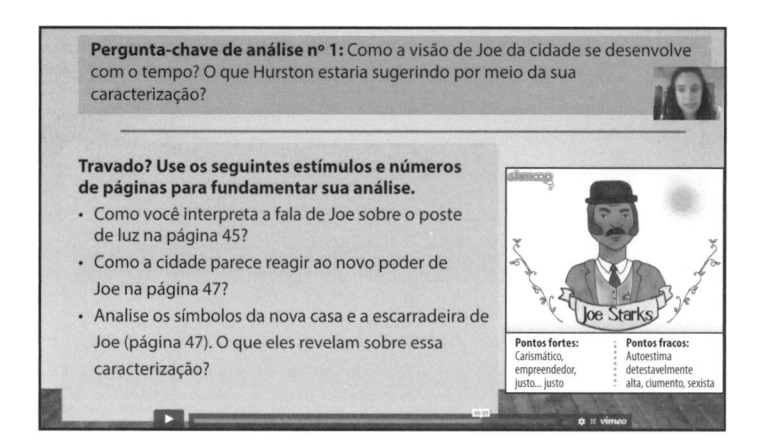

Pergunta-chave de análise nº 1: Como a visão de Joe da cidade se desenvolve com o tempo? O que Hurston estaria sugerindo por meio da sua caracterização?

Travado? Use os seguintes estímulos e números de páginas para fundamentar sua análise.
- Como você interpreta a fala de Joe sobre o poste de luz na página 45?
- Como a cidade parece reagir ao novo poder de Joe na página 47?
- Analise os símbolos da nova casa e a escarradeira de Joe (página 47). O que eles revelam sobre essa caracterização?

Pontos fortes: Carismático, empreendedor, justo... justo

Pontos fracos: Autoestima detestavelmente alta, ciumento, sexista

Como não pode estar na sala com eles, Sara previu em quais aspectos da pergunta os estudantes poderiam encontrar dificuldades e forneceu orientação e recursos. Depois que os estudantes apertam o *play* novamente, ela lembra: "Esta questão precisa ser respondida no Google Classroom até as 14h", dando clara responsabilidade e parâmetros para a apresentação. Depois de receber os trabalhos, Sara vai revisar as respostas e usá-las para preparar lições posteriores.

▶ **VÍDEO**

Videoclipe 25: Sara Sherr
apoio.grupoa.com.br/saladeaulaonline

A avaliação com defasagem também nos possibilita ter uma visão geral dos dados de todos os nossos estudantes. Um professor que está implementando a *Prática da recuperação*, por exemplo, pode pedir que os estudantes enviem uma foto do trabalho que fizeram em seus cadernos em um determinado momento. Baseado em uma revisão desse trabalho, o professor pode então decidir se ou onde prioriza uma revisão adicional.

Benefícios e limitações da avaliação com defasagem

Como a avaliação com defasagem é a forma mais completa de verificação, ela permite um *feedback* criterioso em tarefas rigorosas. Em vez de tentar obter uma visão instantânea, rápida do pensamento do estudante, por meio de *chats* ou comentários, a avaliação com defasagem nos permite, no nosso tempo, ler atentamente e ver o que o trabalho revela sobre a compreensão de cada um. Também é um incremento tecnológico mais simples para os professores no momento e ajuda a manter o *Ritmo* da aula. Para os estudantes, isso significa ter o tempo e o espaço para o desenvolvimento de suas ideias – sem falar na prática em relação a cumprir prazos e administrar a própria carga de trabalho.

Entretanto, o volume total de conteúdo que as entregas de trabalhos podem criar requer que os professores tenham fortes sistemas para se organizar e dar retorno ao trabalho do estudante. Em vez de rapidamente monitorar os dados sobre os ombros dos estudantes durante a aula, subitamente temos de fazer malabarismos com 30 entregas enviadas por *e-mail* ou postadas no Google Classroom. Os professores devem refletir bem sobre o que revisam realisticamente e sobre o que dão *feedback*. Esse também pode ser um espaço para alavancar o suporte da equipe de ensino ou do professor, caso esteja disponível.

Apesar de esse benefício permitir que obtenhamos uma leitura clara sobre a compreensão do estudante, algumas vezes a defasagem significa revelar erros ou mal-entendidos tarde demais. Revisando as avaliações no fim da aula, como com um formulário ou mesmo uma folha de papel na qual os estudantes reportam sua compreensão ou suas dificuldades sobre determinado conteúdo (Bilhetes de Saída), por exemplo, você pode se dar conta de que uma parte significativa da sua classe entendeu mal alguma coisa essencial para a lição. Esse é um desafio particular das aulas assíncronas. Pode ser que somente depois de revisar as respostas após a aula é que você perceba que muitos estudantes tiveram dificuldades com alguma coisa que não havia previsto.

Dicas para o sucesso na implementação

- Use um modelo para dar um *feedback* simplificado.
- Planeje previamente sua estratégia de acompanhamento caso um estudante não apresente a atividade.

Ensinando na sala de aula on-*line*

- Menos é mais: estabeleça a atividade cuidadosamente para que os estudantes tenham mais chances de realizá-la diligentemente (e para que tenhamos mais probabilidade de dar um *feedback* ponderado).
- "Dissolva a tela" relacionando aulas posteriores com seu *feedback* ("Muitos de nós tivemos dificuldades com as evidências incorporadas, portanto esse será o foco da nossa aula hoje"), alertando sobre o trabalho modelo de aulas anteriores.
- Inclua suporte e/ou orientação para os estudantes, como vimos no PowerPoint de Sara.

AVALIAÇÃO EM TEMPO REAL

Em uma aula síncrona, a avaliação em tempo real refere-se a oportunidades para os professores verificarem a compreensão dos estudantes no momento, reunindo, imediatamente, os dados sobre aspectos em que eles estão (ou não estão) tendo dificuldades. Esse é o tipo de avaliação que mais se aproxima da *Verificação da compreensão* na sala de aula tradicional; como eles estão conosco, ao mesmo tempo e no mesmo "lugar", podemos avaliar sua compreensão e responder imediatamente.

Um exemplo consistente disso aparece na aula de leitura dos anos iniciais do ensino fundamental de Eric Snider, em Cranston Island. Depois que os estudantes ouvem um trecho de *One crazy summer*, de Rita Williams-Garcia, Eric lhes pede para pausar para um "teste rápido". Os estudantes devem responder a uma pergunta de múltipla escolha sobre o trecho, destacando evidências que apoiam seu pensamento e, pelo *chat*, enviam a resposta para Eric. Ele dá um minuto aos estudantes e agradece calorosamente à medida que as respostas vão aparecendo no *chat*.

▶ **VÍDEO**

Videoclipe: Eric Snider, "Delphine sente-se orgulhosa"
apoio.grupoa.com.br/saladeaulaonline

Esses dados em tempo real revelam uma concepção equivocada que Eric imediatamente torna transparente, dizendo: "Antes de compartilharmos o número um, vamos na verdade dividir, e podemos ficar um pouco confusos sobre como Delphine se sente". Ele não avança, optando, em vez disso, por reler a sentença principal e abordar o equívoco imediatamente. Depois de reler – e antes de revelar o erro e a resposta correta –, ele pede que os estudantes reapresentem suas respostas. Então diz: "Provavelmente uns 70 por cento de nós acertou, mas ainda há um pouco de confusão. Em vez de fazer uma chamada *De surpresa*, vamos na verdade dar as mãos. Alguém pode nos explicar qual é a melhor resposta para o número um e por quê?". Eric chama um dos estudantes (provavelmente alguém que ele sabe que apresentou a resposta correta) para que explique claramente a melhor opção, e a classe avança para a próxima questão, preenchendo a lacuna na compreensão.

Em uma aula no Libertas College Prep, em Los Angeles, a professora dos anos iniciais do ensino fundamental, Arrianna Chopp, está dando uma aula síncrona sobre o romance *Esperanza rising*. Ela pede que os estudantes relembrem uma aula anterior, esperem um minuto e respondam à sua pergunta nos comentários do Google Classroom. À medida que eles trabalham, ela cita os nomes daqueles que já concluíram e agradece sua participação, ocasionalmente dando um *feedback* para alguns em voz alta ("Caleb, você pode ser mais específico?"). Então, para dar início à discussão, ela faz uma chamada *De surpresa* para Caleb ler sua resposta, depois pede que outro estudante complemente. A precisão da resposta indica a Arrianna se pode seguir adiante, portanto ela diz à classe: "Estou realmente adorando essas respostas que estou vendo. Ok, vamos pular direto para a nossa leitura". Como sua avaliação em tempo real revela que os estudantes foram bem-sucedidos, ela sabe que não precisa dedicar mais tempo a essa questão e pode prosseguir para a próxima parte da lição.

> ▶ **VÍDEO**
>
> **Videoclipe: Arrianna Chopp, "Las Ciruelas"**
> apoio.grupoa.com.br/saladeaulaonline

Benefícios e limitações da avaliação em tempo real

Como reflete mais de perto a sala de aula, a avaliação em tempo real pode ajudar a assegurar a atenção, o engajamento e a realização das atividades. Os professores podem observar os estudantes trabalhando e apoiá-los em suas respostas, reconhecendo concepções equivocadas imediatamente, como Eric faz, e adaptando as aulas para abordar o erro sem demora. Os estudantes se sentem "vistos" e reconhecidos quando os professores narram seus hábitos ou lhes agradecem por suas respostas. A avaliação em tempo real é uma oportunidade não só para coleta de dados, mas também para conexão com os estudantes, reconhecendo a sua presença, seu esforço e o trabalho que estão realizando.

No entanto, a avaliação em tempo real pode diminuir o *Ritmo* das aulas; permitir um momento para que todos os estudantes digitem suas respostas no *chat* ou as insiram em um Google Document é um investimento de tempo real. Ela também pode ser logisticamente desafiadora e é vulnerável a questões tecnológicas. Os professores precisam navegar nas plataformas rápida e harmoniosamente para manter o fluxo da aula, e pode ser desafiador reunir dados no momento. As respostas também tendem a ser em nível mais superficial; como menciona um professor: "É difícil conseguir ir longe estudando frações com tantas tarefas sendo realizadas em um curto período de tempo".

Dicas para o sucesso na implementação

- Seja ponderado sobre seus *Meios de participação*.
- Incorpore questões de múltipla escolha bem planejadas à sua lição. Algumas vezes, evitamos o uso de questões de múltipla escolha, pois parecem menos criteriosas, mas, quando cuidadosamente planejadas, como Eric demonstra, essas questões são excelentes para *Verificação da compreensão* em tempo real.
- Se possível, busque apoio adicional. Conte com um professor auxiliar para ajudar com a tecnologia ou para administrar o *chat*.
- Incorpore tarefas de revisão ou camadas de avaliação em tempo real para aprofundar o pensamento do estudante. ("Use ideias de um dos seus colegas e as amplie na sua reescrita.").
- Considere a inclusão de quadros brancos nas aulas de matemática e ciências – aulas com a necessidade de produzir um trabalho que seja difícil de digitar. Você pode pedir que os estudantes desenhem um diagrama ou resolvam um problema em seus quadros brancos e os ergam em frente à tela para a *Verificação da compreensão* no momento.
- Nas classes dos anos iniciais do ensino fundamental, onde a digitação em um *chat* ou documento pode ser um desafio, você pode optar por fazer votações em classe, usando polegares para cima/polegares para baixo ou mostrando os números com os dedos. Você também pode pedir que os estudantes ergam suas folhas de papel para a tela ou apontem para um ponto em seus livros.

IMPLICAÇÕES PARA O PLANEJAMENTO E A PRÁTICA

Para maximizar os benefícios e minimizar as limitações das três formas de avaliação, os professores precisam planejar cuidadosamente como e quando usar cada uma delas.

Como em qualquer atividade, eles precisam estar preparados para o erro – prever os equívocos dos estudantes e elaborar as respostas com antecedência. O primeiro passo é priorizar as questões. Quais questões na lição têm maior peso? Em quais delas é mais provável que os estudantes apresentem dificuldades? Como as questões consolidam seu objetivo ou a compreensão principal para aquele dia? Depois de esboçar as respostas-alvo, identifique os prováveis erros. Em que pontos é mais provável que os estudantes tenham dificuldades? Que aspectos da resposta-alvo poderiam estar faltando ou incompletos? Depois que tiver uma noção clara do objetivo da aula e das prováveis situações de questionamento, você pode planejar seus ciclos de avaliação. Desse modo, terá mais chances de obter os dados de que precisa para reconhecer acuradamente e abordar os equívocos previstos.

Enquanto planeja seus ciclos de avaliação, considere as seguintes questões:

- De quanto tempo os estudantes precisarão para concluir esta tarefa? De quanto tempo você precisará para revisar as respostas?
- Que tipo de *feedback* você que dar? O que quer que os estudantes façam com seu *feedback*?
- Uma dúvida nesse momento impede que os estudantes continuem na atividade, ou é provável que ela seja abordada por outra pergunta ou discussão?
- Onde os estudantes se encontram no curso da atividade ou no desenvolvimento de uma ideia? É no começo da aula que você quer que eles explorem e experimentem as ideias? Ou esse é um momento em que você quer ver uma versão mais acabada daquilo que os estudantes pensam e depreendem da conversa?

Uma parte importante do planejamento é maximizar a sinergia em uma determinada aula. Por exemplo, imagine que você está dando uma aula síncrona sobre o Capítulo 2 de *O doador* (*The giver*), de Lois Lowry. Você pode optar por dar aos estudantes uma tarefa de anotação durante sua leitura inicial: "Enquanto lemos, anotem qualquer evidência do ritual que a família de Jonas realiza e faça uma anotação sobre qual seria seu propósito". Talvez aqui você opte pela avaliação implícita para fazer a *Verificação da compreensão* porque sabe que os estudantes provavelmente terão sucesso e você não quer perder muito tempo revisando suas anotações. Também sabe que uma revisão rápida da resposta modelo irá garantir que eles estabeleceram o significado dessa seção do texto e estão prontos para prosseguir. Depois de ler e dar aos estudantes tempo para que escrevam, você pode dizer algo como: "Comparem suas anotações com as minhas. Observei que o ritual parece ser aquele onde todos os membros da família compartilham seus sentimentos mais fortes no dia e simpatizam uns com os outros. Utilizem 20 segundos agora e acrescentem a palavra 'simpatizar' à sua resposta".

Na mesma aula, depois da leitura de várias páginas, você pode mudar para um ciclo de avaliação em tempo real com um *brainstorm* no *chat*: "O que vocês notam sobre esse ritual? Por que a família o realizaria? Coloquem sua resposta no *chat* só para mim e vou fazer um sorteio para alguém responder". Nesse ponto na lição, você pode ter escolhido a avaliação em tempo real porque é importante ter uma noção de onde a classe se encontra como um todo – estamos todos na mesma página? Alguém está perdido? Alguém deixou passar uma ideia essencial? Esse ainda é um ponto em que os estudantes podem estar em uma encruzilhada em seu pensamento, portanto uma resposta rápida pode lhe fornecer os dados de que precisa para identificar e abordar alguma confusão antes de continuar. Depois de ver as respostas dos estudantes e observar as tendências, você pode fazer uma chamada *De surpresa* com um deles para trabalhar seu pensamento, e então dá a todos a oportunidade de revisar suas respostas.

No final da aula, você pode querer encerrar com um ciclo de avaliação com defasagem, pedindo que os estudantes escrevam uma resposta mais longa e respondam a estas perguntas com evidências: "Como você descreveria esse ritual familiar? A que propósito ele parece servir? O que isso pode sugerir sobre a comunidade?". Essa é uma questão em que você quer que os estudantes se detenham, revisando sua atividade da aula inteira e refletindo sobre o romance mais amplamente. A aula do dia seguinte pode começar com um *Mostre o texto* de trabalho modelo, encerrando o ciclo de avaliação e potencialmente iniciando um novo, em tempo real.

Vemos um exemplo dessa sinergia na aula dos anos finais do ensino fundamental de Ben Esser, no Brooklyn. Ben e seus estudantes estão lendo *Correntes (Chains)*, de Laurie Halse Anderson. Ele começa sua aula síncrona chamando todos os estudantes com escores de 100% nas suas atividades de classe. Então diz: "Gente, houve uma tendência em um trecho que gerou uma certa confusão... deixem-me mostrar onde a confusão aconteceu". Ele observa que eles "realmente acertaram em cheio" um aspecto da questão, mas "tiveram muita dificuldade" com a compreensão da perspectiva de outro personagem.

> ▶ **VÍDEO**
>
> **Videoclipe: Ben Esser, "Confusão"**
> apoio.grupoa.com.br/saladeaulaonline

Esse é um exemplo de avaliação com defasagem – os estudantes responderam a perguntas no final da aula do dia anterior. Ben as revisou depois da aula e viu a tendência dessa lacuna na compreensão. A partir desse entendimento, ele então cita o erro que viu, expressa claramente que isso estava incorreto e relê a pergunta com alguma estrutura adicional a fim de abordar a confusão. Ele diz: "Não respondam no *chat*. Vocês na verdade vão revisar seus Bilhetes de Saída de ontem, respondendo àquela pergunta no trabalho de aula de hoje... vocês têm dois minutos para escrever sua resposta".

Ao dar seguimento à avaliação com defasagem do dia anterior com a avaliação em tempo real em classe, Ben assegura o domínio dos estudantes do objetivo e continua a construir uma cultura onde as ideias dos estudantes são valorizadas e a compreensão é a principal prioridade.

Observe que esses são apenas alguns exemplos de sinergias entre os ciclos de avaliação. Aqueles que você escolher usar – e a forma como escolher usá-los – irão variar com base nos seus objetivos no momento e nas necessidades dos seus estudantes.

Duas técnicas preferidas de *Aula nota 10* para Verificação da compreensão *on-line*

- Chamada *De surpresa*, o ato de chamar estudantes que não ergueram as mãos, sempre foi uma das nossas técnicas preferidas. Os professores podem usá-la para transmitir a mensagem de que o pensamento de todos é importante, não apenas daqueles que se voluntariam. Ela também é uma forma de avaliação em tempo real; é uma oportunidade de *Verificação da compreensão* de um estudante a fim de medir a compreensão mais abrangente. Você pode chamar alguém cuja resposta já conhece, ou usá-la como base para os demais estudantes. Para que uma chamada *De surpresa* seja um meio efetivo de verificar a compre-

ensão, os estudantes precisam se sentir à vontade para cometer erros e aprender com eles junto aos seus pares.
- *Mostre o texto*, um tipo de chamada *De surpresa* que envolve pegar o trabalho escrito dos estudantes e exibi-lo para a classe, é uma técnica flexível que pode ser usada em conjunto com várias formas de avaliação. Você pode optar por usá-la como um seguimento para a avaliação com defasagem, fechando uma lacuna ou abordando uma confusão sobre alguma coisa que foi apresentada anteriormente. Em uma aula assíncrona, *Mostre o texto* pode se tornar uma oportunidade para avaliação implícita quando os estudantes notam diferenças entre o trabalho apresentado e o seu modelo; em uma aula síncrona, você pode optar por incorporar a avaliação em tempo real se os estudantes responderem a atividade diretamente, revisando-a no momento a fim de abordar algum elemento do modelo.

Percebemos que existem poucas regras rigorosas quando se trata de usar ciclos de avaliação para a *Verificação da compreensão*; o processo pelo qual os professores planejam e se preparam é muito mais importante. Sempre haverá uma variedade de caminhos válidos conduzindo ao domínio, portanto o professor precisa decidir, baseado na sua aula, nos questionamentos que prevê e no seu conhecimento dos seus estudantes, o que é mais válido em um dado momento.

Fundamentalmente, a *Verificação da compreensão* é um dos principais elementos na construção da relação em salas de aula: a partir dela, os professores comunicam aos estudantes que seu sucesso é importante, que suas ideias importam e que acreditam neles. A importância dessa mensagem é ainda maior *on-line*. Sem as interações calorosas e genuínas da sala de aula de que todos nós sentimos falta, os ciclos de *Verificação da compreensão* nos permitem dissolver a tela e mostrar aos estudantes que nós os vemos e que ainda valorizamos seu pensamento, seu sucesso e sua aprendizagem.

CICLOS DE AVALIAÇÃO E VERIFICAÇÃO DA COMPREENSÃO: REVISÃO

Os ciclos de avaliação são uma forma de os professores coletarem dados e monitorarem a compreensão dos estudantes e de os estudantes consolidarem a compreensão e desenvolverem habilidades de autoavaliação. Também ajudam a criar uma cultura de responsabilidade coletiva.

- **Avaliação implícita:** A avaliação implícita envolve que estudantes verifiquem seu próprio trabalho em comparação com um modelo. E embora possa ajudar a desenvolver o autoconhecimento e a apropriação da aprendizagem entre os estudantes, ela requer um ato de fé. Os estudantes podem não fazer a atividade, ou fazê-la sem tirar muito proveito dela.
- **Avaliação com defasagem:** A avaliação com defasagem requer que os estudantes realizem e entreguem uma atividade a ser avaliada posteriormente. Embora permita aos professores a *Verificação da compreensão* durante tarefas mais importantes, além de ajudar com o *Ritmo* de uma aula, a defasagem pode fazer com que se perca a oportunidade de detectar um mal-entendido no momento.
- **Avaliação em tempo real:** A avaliação em tempo real reflete mais de perto a sala de aula. Embora possa ajudar a assegurar a atenção, o engajamento e o acompanhamento, ela também reduz o *Ritmo* da aula – sem mencionar que é logisticamente desafiadora e vulnerável a problemas tecnológicos.
- **Implicações para o planejamento e a prática:** Para melhor aproveitar as sinergias entre as três formas de avaliação, o planejamento é imensamente importante. Seu plano se baseará, em última análise, nos seus objetivos no momento e nas necessidades dos seus estudantes.

6

PROCEDIMENTO E ROTINAS

DARRYL WILLIAMS
DAN COTTON

Na sala de aula, procedimentos e rotinas são o segredo para garantir o foco e a atenção do estudante. Estabelecer a maneira adequada de realizar tarefas familiares permite que você passe suavemente de uma atividade para outra, seguindo a continuidade da orientação ao vivo. Isso mantém os estudantes engajados, mas a importância de procedimentos familiares consistentes é duplicada quando ensinamos *on-line*, as linhas entre a escola e a vida estão mais cruzadas do que nunca, e os estudantes podem participar enquanto estão sentados à mesa da cozinha, atirados em um sofá ou deitados no chão do quarto. Uma programação diária previsível, clareza quanto aos materiais necessários e meios familiares e visíveis para os estudantes participarem beneficiam também os pais, possibilitando que ajudem seus filhos com mais facilidade a terem sucesso enquanto, ao mesmo tempo, lidam com suas próprias demandas de tempo e atenção – demandas não triviais, como os cuidados com os membros da família e muito possivelmente trabalhando de casa.

Um dos benefícios de procedimentos bem trabalhados e orientados é que, depois que um procedimento foi internalizado pelos estudantes, ele pode ser iniciado com um estímulo conciso – por exemplo: "Enviem suas ideias pelo *chat*. Agora!". Quando isso acontece, a continuidade da instrução e o fluxo das ideias são preservados. A aula continua com energia e propósito. Será uma aula melhor para todos.

Um bom exemplo vem de uma aula da professora de espanhol Knikki Hernandez, da William Monroe High School, em Stanardsville, Virgínia. Seus procedimentos claros ajudam a garantir que sua aula transcorra com fluidez e que seus estudantes estejam preparados, atentos e ativamente engajados.

Knikki faz a abertura da sua aula com um *slide* dos materiais, descrevendo o que os estudantes precisam ter com eles para serem bem-sucedidos no início da aula. Ocupar um minuto da aula para se assegurar de que todos têm os materiais e as expectativas corretos deixa todos prontos para aprender. Quando Knikki apresenta seu *slide* com os materiais, uma de suas estudantes corre para pegar *un lapiz* (um lápis). Ela não tinha se dado conta de que teria de escrever.

Mas os procedimentos realmente poderosos surgem depois que Knikki começa a ensinar. Ela faz uso da chamada *De surpresa* imediatamente. Em um mundo *on-line*, a chamada *De surpresa* é poderosa, talvez até mesmo essencial. A distração está à distância de um clique, os estudantes hesitam em se voluntariar e nós estamos tentando nos conectar por um minúsculo buraco de fechadura na parte inferior da tela. Envolver os estudantes regular e imprevisivelmente os mantém atentos, normaliza a participação e faz com que se sintam vistos e importantes.

Knikki usa chamadas *De surpresa* três vezes durante sua aula, cada uma de forma diferente:

> Primeiro, ela a utiliza para sinalizar suas expectativas de engajamento ativo: "Abby, o que esta frase diz – *Que necesito para la clase hoy?*". Ao fazer uma chamada *De surpresa* assim que a aula tem início, Knikki sinaliza a sua normalidade. Ela está deixando que os estudantes saibam que devem estar preparados para falar e estar engajados e ativos. E Abby, de fato, *sorri quando recebe a chamada De surpresa*. Talvez ela se sinta vista pela professora, importante. Ela não tem problemas com a chamada *De surpresa*. Recebe a mensagem: Esteja pronta. Você será uma aprendiz ativa em espanhol, e ela rapidamente se adapta.
>
> A seguir, Knikki usa a chamada *De surpresa* para verificar a compreensão dos estudantes da tarefa independente logo antes de começarem. Ela pergunta a um deles convidativamente: "O que iremos fazer nos próximos três minutos e 11 segundos? Onde iremos escrever nossas definições?". Três minutos e 11 segundos são muito tempo a ser desperdiçado se você estiver inseguro com a tarefa. Mais uma vez Knikki sabe que, se pedir um voluntário, aqueles que estão inseguros provavelmente irão se esconder. Dessa forma, ela poderá saber muito melhor se os estudantes compreendem a tarefa.

Com as orientações agora bem compreendidas, os estudantes se voltam para o trabalho. Knikki lhes dá três minutos para trabalharem independentemente. Nesse ponto, já foram feitas chamadas *De surpresa* suficientes para que eles suspeitem que Knikki irá usar isso para pedir que alguns deles compartilhem seu trabalho, de modo que o incentivo é trabalhar com afinco. E, surpresa! Isso é exatamente o que ela faz: chamadas *De surpresa* cordiais e envolventes. Depois que o tempo se esgota, Knikki começa (em espanhol): "Certo, pessoal, vamos continuar com o vocabulário e começar com Raquel. O que você tem para 'paciente'?".

Chamamos isso de trabalho independente de apoio, seguindo-o de chamadas *De surpresa*. Isso garante que os estudantes realizem o trabalho, permite que você revise suas respostas mais rapidamente e avalie o nível de compreensão de todos, não apenas dos voluntários. Com o apoio para assegurar que ela é efetiva, Knikki é capaz de usar uma atividade muito simples de baixa tecnologia já familiar para os estudantes, sabendo que isso será produtivo.

A chamada *De surpresa* é um procedimento simples, mas tem efeitos profundos que fluem na cultura da classe.

MEIOS DE PARTICIPAÇÃO

O que chamamos de *Meios de participação* são todas as formas pelas quais os estudantes podem participar em aula, especialmente quando os procedimentos são feitos de forma transparente – quando os estudantes sabem como e quando usá-los. Em uma sala de aula tradicional, os *Meios de participação* são tipicamente *Virem e conversem, Todo mundo escreve, De surpresa* e *Voluntários* (o professor chamando os estudantes que ergueram as mãos). *On-line*, o espírito é o mesmo, porém os meios em si são um pouco diferentes. Os principais *Meios de participação* em uma aula síncrona são:

- Salas de descanso
- De surpresa
- Voluntários
- "*Chat*"
- Todo mundo escreve

O segredo para qualquer um deles é ter uma rotina consistente. Vejamos, por exemplo, as Salas de descanso. Elas podem ser incrivelmente produtivas, permitindo que muitos estudantes discutam uma ideia, escutem os *insights* de seus pares e tenham um momento para ensaiar ou refinar suas ideias em um ambiente de baixo risco antes de compartilhar com o grande grupo. Mas os desafios são maiores *on-line*. Em uma sala de aula, você pode organizar uma sala de discussões em pequenos grupos ou *Virem e conversem* com relativa facilidade, certificando-se de que as conversas entre os estudantes sejam produtivas, centradas na tarefa e não dominadas consistentemente por alguns deles. *On-line*, você não pode simplesmente dar uma espiada em todas as Salas de descanso e avaliar o grau de engajamento. Tendo isso em mente, estas são algumas observações sobre o uso dos *Meios de participação* básicos em salas de aula *on-line*:

- **Salas de descanso.** Preferimos as salas pequenas (duas ou três) e achamos que com frequência é importante variar ligeiramente o tamanho do grupo. Se o tamanho do grupo for acima de dois, algumas vezes definimos regras básicas para assegurar que todos sejam encorajados e tenham a possibilidade de falar: "Chamarei por ordem alfabética a pessoa que dará início à conversa". Um lembrete de chamada *De surpresa* de apoio ("Quando voltarmos, vou escolher alguns de vocês para compartilhar suas ideias") ou mesmo uma pré-chamada ("Quando voltarmos, vou pedir que Jillian e depois Lizzette comecem para nós") geralmente é útil.

  Você também irá explicar um procedimento claro para as Salas de descanso a fim de que os estudantes saibam como elas devem ser. Alguma coisa como: "Quando vocês chegarem à Sala de descanso, cumprimentem seu parceiro muito rapidamente e então perguntem o que ele pensou para que garantam que estarão falando da mesma questão dali a poucos segundos". Se os intervalos envolverem atividades mais complexas do que apenas uma discussão (fazer perguntas mútuas sobre fatos matemáticos ou vocabulário em espanhol), você pode apresentar um vídeo rápido em que você e outro professor demonstram como deve ser o trabalho na Sala de descanso.

  E veja algumas outras sugestões sobre Salas de descanso no próximo capítulo.

- **De surpresa.** Explique aos estudantes que você irá usar chamadas *De surpresa* e por que ("É importante para mim ouvir todos vocês, mesmo que algumas vezes não tenham certeza se estão prontos para compartilhar"). Seja acolhedor e inclusivo em seu tom de voz: perguntar a alguém o que essa pessoa pensa é uma boa opção. Também gostamos muito de fazer "chamadas de duplas" ou "chamadas de grupo", como em "Ótimo, Chloe e Rodrigo, vocês dois formaram uma dupla. Um de vocês gostaria de compartilhar as soluções que encontraram?".

- **Voluntários.** Isso pode envolver chamar aqueles que erguem a mão ou permitir um "espaço aberto" para quem quiser falar. Os benefícios de erguer a mão são que isso permite mais *Tempo de espera* e você pode distribuir as oportunidades mais amplamente entre os estudantes. Mas você deve ser específico quanto às exigências – se os estudantes devem erguer as mãos fisicamente ou se usam uma função "erguer a mão" eletrônica. Cada uma tem seus benefícios. É fácil não perceber as mãos erguidas, pois nem todos estão na sua tela, mas pode ser igualmente difícil alternar a lista dos participantes para ver quem ergueu uma mão eletrônica. Geralmente gostamos que os estudantes ergam suas mãos "na tela" como fazem em aula – é menos alternância na tela para eles e podemos ler alguma coisa sobre o seu afeto na forma como erguem a mão – mas isso significa que temos que fazer um rodízio dos estudantes que vemos primeiro na tela durante a aula para garantirmos o equilíbrio entre aqueles que mais provavelmente chamaremos. Mas também achamos que podemos deixar o espaço aberto mais facilmente – e que a participação é mais dinâmica e equitativa – quando fazemos uma chamada *De surpresa* logo no começo.

- **"Chat".** A função "*Chat*" é uma de nossas ferramentas favoritas. Mais frequentemente vemos os professores usá-la como um exercício de pensamento formativo. "Por favor, coloquem no *chat* uma resposta curta descrevendo o clima do capítulo." Isso faz com que todos respondam à pergunta e se engajem. Também permite que todos vejam o que os demais estão pensando. E permite que você adapte suas aulas aos seus estudantes. Sua pergunta seguinte pode ser: "Conte-me mais sobre por que você disse 'sombrio', Kevin" ou "A resposta de algum dos seus colegas a surpreende, Keshia?". Lembre-se, também, de que você pode pedir que os estudantes respondam no *chat* somente para você em vez de para "todos". Então pode destacar algumas das respostas mais instigantes compartilhando-as. "Ótimo. Aqui estão algumas ideias muito interessantes que vocês me enviaram."

- **Todo mundo escreve (algumas vezes via Google Doc ou similar).** *Todo mundo escreve* descreve ferramentas de participação em que os estudantes escrevem primeiro e frequentemente são encorajados a pensar por escrito – isto é, desenvolvem ideias que ainda não são formais ou estão corretas. Por exemplo, gostamos muito de deixar que eles façam o *Pare e anote* com lápis e papel antes de serem chamados a participar publicamente. A anotação é mais familiar para eles e é uma aposta baixa (isto é, "só para eles" e que ninguém mais vai ver). Mas achamos que combina bem com o *chat* ou mesmo com uma rodada de questionamento. Primeiro, os estudantes param e anotam em um caderno, depois dizemos: "Ótimo. Por favor, compartilhem uma das suas ideias no *chat*" ou "Conte para nós sobre o que você escreveu, Andrew".

    Permitir que os estudantes vejam e respondam às ideias uns dos outros por escrito para que possam desenvolver seu pensamento em grupo é outra parte importante de *Todo mundo escreve*, e é especialmente importante *on-line*, quando os estudantes estão tão afastados entre si quanto estão de você. Trabalhar juntos em um Google Doc compartilhado pode ajudá-los a praticar essas habilidades importantes em um ambiente remoto. Só mencionaremos isso brevemente, aqui, pois iremos abordar as ferramentas tecnológicas úteis no Capítulo 7.

Além do básico, existem variações. Observe esta cena da aula de Ben Esser, por exemplo.

> ▶ **VÍDEO**
>
> **Videoclipe: Ben Esser, "Pergunta de espera"**
> apoio.grupoa.com.br/saladeaulaonline

Ben quer deixar claros dois procedimentos: "Perguntas rápidas" e "Perguntas de espera". Ele explica aos estudantes o que cada um significa. "Se eu disser que é uma Pergunta rápida, o objetivo é ser o primeiro a respondê-la. Se eu disser que é uma Pergunta de espera, quero que me esperem dizer 'já' para apertar o 'Enter'".

Em um dos casos, Ben quer que os estudantes contribuam com suas ideias à medida que elas surgirem. Ele quer manter as coisas em movimento e assegurar uma sensação de atividade e dinamismo. No outro, quer que os estudantes levem o tempo que precisarem para pensar sem a influência das ideias dos seus pares ou a pressão para que sejam rápidos.

Posteriormente, Ben introduz "Respostas verbais", um procedimento em que os estudantes erguem a mão via Zoom e ligam o microfone quando são chamados a falar. Ter um sistema de procedimentos individuais específicos para como os estudantes respondem a diferentes tipos de perguntas coloca Ben em uma boa posição para articular a participação dos estudantes, conduzir o *Ritmo* da aula e adaptar seu questionamento em resposta ao trabalho deles.

Você também pode ver que Ben fez seu dever de casa. Suas perguntas são planejadas antecipadamente e publicadas para os estudantes verem em seu *slide* no PowerPoint. Ben nomeia cada questão como "Perguntas de espera", "Perguntas rápidas" ou "Respostas verbais". Isso facilita que os estudantes respondam de acordo. Ele quer que os estudantes criem o hábito de como responder a cada tipo de pergunta. Mais do que nomear, antes de fazer cada pergunta, Ben lembra aos estudantes qual é o tipo da pergunta. Sua associação das pistas visuais aos lembretes verbais ajuda a evitar qualquer ambiguidade ou confusão para os estudantes. E, devido à atenção de Ben a esse sistema acadêmico essencial, os estudantes realizam a tarefa lindamente, respondendo a cada tipo de pergunta como esperado.

Ben tem sucesso em evitar alguns dos problemas que podem ocorrer quando os professores não são claros ao explicar seus *Meios de participação*: o problema dos "grilos" e a igualdade de expressão desequilibrada.

"Grilos"* são aquelas perguntas que ninguém parece querer responder. A chamada *De surpresa* resolve esse problema e normaliza a participação. Frequentemente descobrimos em nossos *workshops* que algumas chamadas *De surpresa* acabam com a relutância entre os participantes, e grupos que antes eram reticentes logo se mostram repletos de voluntários. Escrever também pode resolver o problema dos "grilos". É um pouco mais seguro se pronunciar por escrito, especialmente quando todos os demais também estão fazendo isso.

No outro lado da moeda, ter procedimentos claros para a participação também o ajuda a garantir a "igualdade de expressão", o direito de todos – não apenas os que são rápidos, veementes e altamente verbais – de falar e ser ouvidos. Quando alguns estudantes monopolizam a discussão sendo sempre os primeiros, alguns dos demais – tipicamente os mais vulneráveis – podem perder oportunidades de aprendizagem crítica.

Ben enfatiza a ideia da igualdade de expressão quando explica as expectativas para responder a "Perguntas de espera": "A ideia aqui é dar a todos uma oportunidade para pensar e escrever. E, se quiserem, vocês podem ler as respostas dos seus colegas depois de incluírem a sua resposta". Com seus procedimentos definidos, Ben pode escolher dar uma ajuda, fazer uma chamada *De surpresa* ou permitir um pouco de *Tempo de espera*. Ele pode pedir que todos conversem e escolham as respostas mais produtivas para um acompanhamento: "Por que você disse que o clima estava tenso, Damari?".

Não apenas isso, mas a frase "vocês podem ler as respostas dos seus colegas depois que incluírem a sua resposta" é importante. Ela estrutura e esclarece os hábitos para responderem uns aos outros respeitosa e criteriosamente (chamamos isso de Hábitos de discussão no livro *Aula nota 10*). Mais do que simplesmente entender como responder aos estímulos, os estudantes estão recebendo orientações sobre como interagir entre si.

ESPAÇO DE TRABALHO DO ESTUDANTE: CRIANDO AS BASES PARA A INDEPENDÊNCIA

Parte da sua sala de aula está na cozinha de alguém. Ou no sofá. Ou no corredor do lado de fora do apartamento. Esses são os locais de onde os estudantes estão trabalhando agora – algumas vezes por necessidade, mas outras por opção e sem muita premeditação. Muitos jovens de 13 anos entregues aos seus próprios dispositivos prefeririam se juntar à classe aos pés da sua cama e sem um bom lugar para escre-

---

* N. de R.T.: Ao mencionar os "grilos", os autores estão se referindo ao som característico desses insetos, o cricrilar (cri, cri, cri). No Brasil, é considerado como o momento em que ninguém responde ao questionamento e pode-se ouvir o "cri, cri, cri", tamanho o silêncio em sala de aula.

ver. Mas detalhes como onde se sentam e como é seu espaço de trabalho podem ter um impacto na sua habilidade de focar e participar. Ensinar os estudantes a organizarem seu espaço de trabalho remoto é um sistema essencial e uma rotina – que traz vantagens de longo prazo.

Considere este momento do primeiro dia da aula assíncrona de geografia de Matthew Diamond, na KIPP St. Louis HS. No começo, para ensinar os estudantes a organizarem seu espaço de trabalho, Matthew apresenta uma imagem instantânea do seu próprio ambiente:

Videoclipe: Matthew Diamond: "Organizem seu espaço"
apoio.grupoa.com.br/saladeaulaonline

Sua narração oferece um rápido *tour*: Escolham um espaço silencioso para que possam se concentrar. Vocês vão precisar de um caderno e um utensílio para escrever. Liberem o espaço para minimizar distrações. Seu *tour* apresenta a justificativa que os estudantes, particularmente no ensino médio, anseiam. Ele lhes diz não somente *O que fazer*, mas também por que isso vai ajudá-los a se saírem bem. O uso que Matthew faz do próprio espaço de trabalho com o objetivo de ilustrar para seus estudantes como organizar seu espaço tem o benefício adicional de dissolver a tela: Todos nós estamos trabalhando de casa. Isto é um pouco de quem eu sou.

SEQUÊNCIA DE ABERTURA

Um meio fundamental de promover o conforto e a confiança dos estudantes no começo de uma aula é uma rotina de abertura consistente. Ao apresentar a eles exatamente os materiais que precisam ter à mão, como é esperado que se engajem e como a aula irá se desenrolar, os professores podem prepará-los não só para estarem presentes, mas para aprenderem. A consistência aqui é fundamental. Com muitos dos ritmos regulares da escola tendo sido perturbados, uma abertura consistente oferece familiaridade e clareza, sutilmente construindo a confiança dos estudantes de que sabem O *que fazer* desde o início.

Para um exemplo consistente, dê uma olhada nas aberturas das aulas de Alonzo Hall e Linda Frazier. Ambos são professores de matemática no ensino médio nas Uncommon Schools.

> ▶ **VÍDEO**
>
> **Videoclipe: Alonzo Hall e Linda Frazier, "Vamos nos organizar!"**
> apoio.grupoa.com.br/saladeaulaonline

Quando Alonzo e Linda fizeram a mudança para instrução assíncrona, consistência e previsibilidade eram fundamentais. Embora os estudantes tenham passado vários meses com eles em suas salas de aula aprendendo conteúdos de matemática, esse era um contexto de aprendizagem não familiar. Eles precisam passar mais tempo introduzindo os procedimentos essenciais na abertura das suas aulas.

Tanto Linda quanto Alonzo são receptivos e comedidos quando abrem sua aula. Nenhum professor quer acelerar a preparação e arriscar confusão ou incerteza entre seus estudantes. Eles não só reservam um tempo para explicar os procedimentos claramente, como também encorajam os estudantes a usarem o botão de pausa para evoluírem no seu ritmo e se certificarem de que estão prontos. Dizer algo como: "Se preciso, pausem para se organizar" significa: "Isso é importante. Usem o tempo que precisarem para fazer direito".

Os dois professores são diligentes quanto a tornar claros os procedimentos importantes tanto verbal quanto visualmente, realçando-os em amarelo para que os estudantes os percebam. Alonzo deixa isso transparente: "Sempre que aparecer um realce amarelo na página, é para lembrar que vocês podem pausar o vídeo, ou que devem pausá-lo, para copiar o que está na página". Linda lembra os estudantes da importância dos seus recursos visuais dizendo: "Vou esperar uns segundos para garantir que a folha de vocês fique igual à minha".

Uma das características das escolas com culturas fortes é uma consistência das expectativas de sala para sala. Procedimentos compartilhados ajudam os estudantes *e* os professores a terem mais sucesso. Quanto mais familiares e consistentes forem os procedimentos, mais os estudantes irão se acostumar com eles – e por fim mais bem-sucedidos serão. Para os professores, também, em vez de inventarem tudo por conta própria, os procedimentos e rotinas compartilhados significam que podem focar seu tempo e energia na adaptação do seu conteúdo ao sistema *on-line*. Tanto para os professores quanto para os estudantes, uma abordagem consistente diz: Ainda somos uma escola; ainda estamos conectados.

Com as aulas *on-line*, sua sequência de abertura, ou o procedimento para como iniciar, ajuda a estabelecer (ou fortalecer) uma conexão pessoal com os estudantes e definir expectativas para a aula. Em muitas das sequências de abertura que estudamos, surgiram vários procedimentos pouco complexos, mas efetivos, para dar início à aula.

1. **Cumprimentos:** Da mesma maneira que os professores cumprimentariam calorosa e positivamente seus estudantes na porta da sala de aula. Você notou que eles abrem suas aulas com seu rosto visível na tela, com um cumprimento caloroso, orientando os estudantes sobre onde se encontram na sequência de aprendizagem e lembrando a todos que eles ainda existem dentro de uma comunidade de aprendizagem coesa. A mensagem implícita deve ser: "Estou feliz por ver vocês e temos coisas muito boas para fazermos juntos".

2. **Tela de orientação:** Muitas das aulas que estudamos publicam um *slide* com orientações claras sobre os materiais e as tarefas preliminares que os estudantes precisam iniciar. A aula de Amanda Moloney é um bom exemplo (você verá outros ao longo do livro). Depois de cumprimentar seus estudantes com o rosto visível em sua aula assíncrona, Amanda, que leciona na Ballarat Clarendon College, em Victoria, Austrália, muda para um *slide* intitulado: "O que você vai precisar". O *slide* é simples e fácil de acompanhar, listando os materiais que os estudantes precisam para se engajar na aula. Para apoiá-los mais, ela acrescenta uma imagem desses materiais.

Ensinando na sala de aula on-line

> **VOCÊ VAI PRECISAR DE:**
>
> - Caderno de matemática quadriculado
> - Lápis preto e vermelho
> - Miniquadro branco
> - Marcador e apagador para quadro branco

3. **Tarefa de abertura:** Já enfatizamos a importância de iniciar rapidamente. Seja aula assíncrona ou síncrona, é essencial imediatamente colocar os estudantes em movimento e interagindo com o conteúdo e, se a aula for síncrona, uns com os outros. A mensagem deve ser "Espere estar ativamente engajado". Aguardar mais de alguns minutos para fazer isso pode prejudicar essa mensagem.

A abertura da aula de matemática assíncrona para os anos finais do ensino fundamental de Joshua Humphrey oferece um estudo de caso de como fazer isso. Depois de uma breve explicação (25 segundos) dos objetivos do dia, Josh e seus estudantes arregaçam as mangas: "Para começar, como em todas as aulas, vocês têm um *Faça agora*. Esse vídeo vai pausar e eu quero que vocês coloquem suas respostas. Números 1, 2, 3... Certo, estou pausando agora." Josh dissolve a tela com cordialidade, mas sua *Economia da linguagem* – sem palavras estranhas – fornece aos estudantes a clareza de saber exatamente *O que fazer*. Depois de um minuto da abertura da aula, eles estão se engajando ativamente no conteúdo.

Isso também vale para as aulas síncronas – como é o caso da aula antes mencionada de Knikki Hernandez, que inicia rapidamente. Em um ambiente *on-line*, é importante que os estudantes sejam ativamente engajados o quanto antes. Quanto mais tempo você espera, mais difícil fica – e mais passivo é o engajamento.

O QUE FAZER: SUAS ORIENTAÇÕES FAZEM PARTE DO SISTEMA

O sucesso de uma aula *on-line* depende fortemente da habilidade dos estudantes de seguirem as orientações e realizarem as atividades. Eles estão distantes do seu professor, o que significa que o cumprimento das orientações com frequência é difícil (síncrona) ou impossível (assíncrona) de detectar. Dar orientações que sejam claras e concisas – o que chamamos de *O que fazer* – pode ser a diferença entre seguir ou não as orientações, e é fundamental para assegurar o sucesso dos estudantes.

Observe, por exemplo, como Linda Frazier e Alonzo Hall se baseiam em *O que fazer* como parte de suas sequências de abertura. Eles dão orientações verbais e visuais, realçando-as em amarelo para que os estudantes as notem.

Uma das dificuldades que Linda e Alonzo evitam é dar orientações que sejam desnecessariamente longas ou ambíguas. Orientações como: "Certifiquem-se de estar prontos para a aula de hoje" não dizem explicitamente o que os estudantes precisam fazer para "estar prontos". Uma orientação mais efetiva seria: "Para a aula de hoje, vocês vão precisar do seu romance, do seu caderno de leitura e de um lápis. Vocês têm 60 segundos para pausar o vídeo e pegar seus materiais agora". Quanto mais claro e mais preciso você for, mais chance terá de obter engajamento e cumprimento das orientações e mais provavelmente os estudantes terão sucesso.

Perceba a maravilhosa clareza das orientações de George Bramley, da Brigshaw High School, em Leeds, Inglaterra, durante sua aula sobre a batalha de Hastings. Ao estimular os estudantes a fazerem anotações sobre a batalha, George diz: "Por favor, agora façam suas anotações naquele segundo box." Como as anotações serão uma tarefa acadêmica recorrente, George começou a atribuir uma linguagem consistente às suas orientações. "Por favor, pausem o vídeo", "diretamente no documento de texto" e "façam suas anotações neste box" são deixas que ajudam os estudantes a seguirem as orientações. Com o tempo, a padronização (e restrição) da linguagem poderá minimizar a possibilidade de mal-entendidos.

Os estudantes nas aulas que observamos não tiveram que descobrir como se engajar, mesmo nas aulas assíncronas. Nas salas de aula (virtuais) mais bem-sucedidas, os professores planejam a linguagem consistente e a formulação que irão usar para as atividades tão cuidadosamente quanto as outras partes da sua aula. Isso faz com que haja maior probabilidade de que os estudantes sigam as orientações, realizem as tarefas com sucesso e desenvolvam hábitos para o sucesso acadêmico.

PROCEDIMENTOS VOLTADOS PARA O PROFESSOR

Embora explicar claramente os procedimentos para a participação efetiva e inseri--los na malha do seu novo ensino *on-line* possa ser um desafio, ele não é o único. Outro desafio é manter a memória de trabalho – e nos referimos à sua própria reserva limitada dela.

Mesmo o melhor plano – uma escrita rápida no *chat* para obter as ideias de todos; algumas chamadas *De surpresa*; uma oportunidade para voluntários/dar as mãos, entrar em uma Sala de descanso; e outra escrita rápida – não será útil se você não conseguir se lembrar dele. Há tanta coisa para lembrar durante o ensino *on-line* que não é difícil se esquecer quando fazer uma chamada *De surpresa* e quando usar o *chat*.

É por isso que também queremos compartilhar os benefícios dos procedimentos consistentes voltados para o professor – coisas que você pode fazer para se ajudar a apoiar os procedimentos voltados para os estudantes.

A seguir apresentamos um exemplo de um *slide* de um dos nossos *workshops*. Observe como colocamos ícones no canto inferior da direita. Cada ícone, como a legenda à direita indica, nos faz lembrar de usar diferentes tipos de participação. Neste exemplo, o ícone do grupo seguido por um sinal sonoro nos faz lembrar que queremos dar aos participantes tempo para compartilharem suas ideias em uma Sala de descanso antes de fazermos a chamada *De surpresa* ou darmos uma mão para começar a discussão em grupo. Outro exemplo pode ser o ícone do *chat*

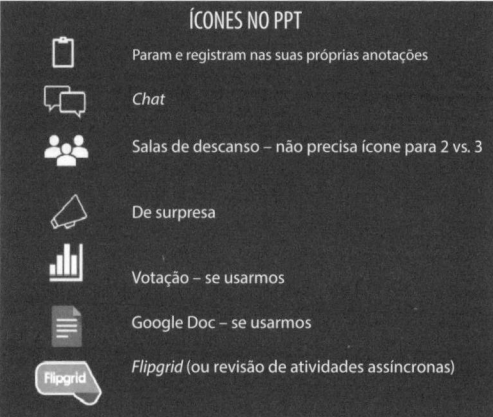

Dissolvendo a Tela

Como você nota os professores dissolvendo a tela nesta montagem?

ÍCONES NO PPT

- Param e registram nas suas próprias anotações
- Chat
- Salas de descanso – não precisa ícone para 2 vs. 3
- De surpresa
- Votação – se usarmos
- Google Doc – se usarmos
- *Flipgrid* (ou revisão de atividades assíncronas)

seguido por um sinal sonoro para dizer que iremos pedir que os estudantes coloquem suas ideias no *chat* e então fazemos uma chamada *De surpresa* para dar início à conversa. Existem inúmeras combinações para mesclar os tipos de participação.

E isso é o que faz com que haja tanta coisa para lembrar: são tantas as combinações, em tantas aulas, em tantos dias. Tudo o que pudermos fazer para limitar a quantidade de espaço no cérebro dedicado a lembrar o "como" da realização da aula melhora grandemente o seu "o quê". Com estes pequenos lembretes para nós mesmos, liberamos uma parte da nossa memória de trabalho – uma memória de trabalho que está em alta demanda. E, se não tivermos que nos lembrar de: "Espere, isso deveria ser um *chat* ou uma chamada *De surpresa* neste ponto?", nos liberamos para fazer mais e melhor.

Portanto você pode roubar nossos ícones, ou adaptá-los, ou desenvolver seu próprio sistema. Seja o que for, faça desse tipo de "notas para si mesmo" uma parte consistente de como planeja suas aulas. Você pode nos agradecer mais tarde.

PROCEDIMENTOS E ROTINAS: REVISÃO

Em qualquer sala de aula, há força nos procedimentos – ao ter uma maneira correta de realizar tarefas e atividades familiares. Em um ambiente *on-line*, alguns são especialmente importantes. Professores, pais e estudantes acabam se beneficiando com a sua utilização.

- **Meios de participação:** Os *Meios de participação* são formas padronizadas pelas quais os estudantes podem participar em aula. Quando usados corretamente, podem melhorar o *Ritmo* de uma aula e manter os estudantes engajados. Eles são variados e em grande quantidade, e o segredo é ser consistente com aqueles que você usa.
- **Espaço de trabalho do estudante: criando as bases para a independência:** Ensinar aos estudantes como organizar seu espaço de trabalho remoto é um sistema e rotina essencial – e que traz vantagens de longo prazo. Usar o tempo que for preciso para organizar isso é especialmente importante quando a sala de aula é a cozinha ou o quarto ou... você entendeu a ideia.
- **Sequência de abertura:** Com boa parte dos ritmos regulares da sala de aula tendo sido perturbada, uma abertura consistente é a chave para bons resultados. Simplesmente seja consistente, acolhedor e siga adiante nos primeiros minutos.

- **O que fazer: suas orientações fazem parte do sistema:** Os estudantes não podem seguir as orientações se as entenderam mal. Especialmente *on-line*, é essencial deixar as orientações o mais claras possível – com o menos possível de espaço para ambiguidade.
- **Procedimentos voltados para o professor:** A carga cognitiva é um recurso tão limitado nos professores quanto é nos estudantes. Faça o que puder para diminuir o peso sobre sua própria carga cognitiva desenvolvendo sistemas que o beneficiem. Dê um descanso para a sua memória e seu ensino será melhor por isso.

7

TECNOLOGIA NA SALA DE AULA

ROB RICHARD
JOHN COSTELLO

Os capítulos anteriores deste livro descrevem um conjunto de ferramentas para fortalecer as relações com os estudantes e melhorar a qualidade da sua aprendizagem remota. No entanto, com toda a conversa das Salas de descanso e os estudantes respondendo na função *chat*, muitos professores podem compreensivelmente estar se perguntando: "Ok, parece ótimo, mas como exatamente eu faço isso?". Embora muitos professores sejam conhecedores da tecnologia, outros ficam muito mais à vontade moldando mentes com ferramentas mais familiares, como lápis e papel. Isso também tem sido uma parte real da nossa experiência. Até pouco tempo atrás, alguns membros da nossa equipe conheciam muito pouco sobre a tecnologia do ensino remoto. Muitos dos professores que treinamos se viram ansiosos ao experimentar coisas sobre as quais apenas recentemente haviam ouvido falar, como Zoom, Meet e Docs. Todas essas novidades podem parecer demais para eles.

Queremos que a adaptação do seu ensino da sala de aula física para a remota seja tão fácil e harmoniosa quanto possível. Será necessário aprender alguns truques novos, mas também acreditamos que cada segundo que você não tenha que se preocupar sobre como usar uma nova plataforma, ou retornar à página inicial, ou descobrir onde se esconde o ícone "mute" é um tempo que pode usar para dar atenção aos estudantes e a suas necessidades educacionais.

Simplicidade sempre foi e permanece sendo nosso princípio fundamental. Neste capítulo, nosso objetivo é oferecer soluções que tornam o ensino mais fácil – que reduzem a carga cognitiva na memória de trabalho dos professores. Identificaremos soluções simples para problemas comuns e destacaremos alguns detalhes essenciais que ajudarão a obter o melhor de você e dos seus estudantes.

Antes de começarmos, é importante observar: há algumas orientações técnicas neste capítulo, e nossa intenção é lhe dizer como fazer isso no Zoom. Dito isso, todas as características básicas (*chat*, compartilhamento de tela, pesquisas e Salas de descanso) são comuns na maioria das plataformas mais importantes, portanto as dicas e as ferramentas apresentadas neste capítulo se aplicam independentemente da plataforma que sua escola escolheu.

Além disso, os centros de ajuda para a maioria das plataformas, como o Zoom ou Google Meet, são excelentes recursos para tutoriais sobre as ferramentas que discutimos aqui, e outras. Eles geralmente explicam usando vídeos bem elaborados em vez de orientações totalmente incompreensíveis que você pode ter visto em outros lugares, as quais o orientam a buscar um menu suspenso que, mesmo depois de dez minutos de busca, você ainda não consegue encontrar. Embora possamos lhe contar umas poucas coisas sobre como aplicar essas ferramentas ao ensino especificamente, elas são mais qualificadas para lhe mostrar como seu sistema funciona. Se você precisa manter o foco, experimente-as primeiro.

No final do dia, o ensino *on-line* requer as mesmas coisas que o ensino nas salas de aula: a habilidade de explicar ideias e lhes dar vida; a capacidade de engajar os estudantes na aprendizagem; a habilidade de se conectar e ser claro quanto às expectativas. Nosso objetivo principal é ajudá-lo a usar a tecnologia para adaptar essas coisas familiares a um novo contexto.

GRAVANDO A SI MESMO

Em março de 2017, o professor Robert Kelly deu uma entrevista ao vivo na BBC do escritório de sua casa na Coreia do Sul. Você pode não lembrar o nome dele, mas temos certeza de que assistiu a esse vídeo – aquele em que Kelly aparece como um típico homem comum (https://www.youtube.com/watch?v=Mh4f9AYRCZY).

Ele estava trabalhando de casa, mas claramente preparado para seu tempo na televisão. Kelly é um cientista político, e o mapa na parede e as estantes cheias de livros são cuidadosamente organizados para comunicar conhecimento e *expertise*. Ele vestia terno e gravata, tinha uma boa iluminação, mas enquanto compartilhava suas ideias sobre a expulsão do presidente sul-coreano Park Geun-hye, sua filha de 4 anos fez uma entrada triunfal ao fundo. Enquanto acontecia a entrevista ao vivo, ela saltitava alegremente na sala com um andar despreocupado, bem atrás do seu pai desprevenido, seguida de perto pelo seu irmãozinho em um andador, e então, logo em seguida, por sua esposa visivelmente mortificada, que freneticamente tentava retirar as crianças da sala. O vídeo se tornou uma sensação na internet. Durante essa interrupção, Kelly em nenhum momento perdeu a compostura. Indagado sobre o incidente posteriormente, ele observou que simplesmente continuou falando sobre o tema em questão, pois "o *show* não pode parar".

Se você tem ensinado *on-line* da sua cozinha, escritório ou sala de estar, é bem possível que já tenha tido seus próprios momentos de Robert Kelly. Talvez tenha tentado dar aulas com seu filho de 4 anos irrompendo na sala, com um gato pulando no seu colo ou seu filho mais velho pedindo ajuda porque o computador travou no meio da aula *on-line* dele.

Mesmo sabendo que "o *show* não pode parar", você também sabe que gravar suas aulas de casa envolve alguns desafios que a sala de aula não tem. Ainda assim, é importante que estejamos à altura deles. Se os estudantes não conseguirem ver você ou seu *flip-chart* claramente, começarão a se desligar. Se você for constantemente interrompido ou abafado por sons concomitantes, seus estudantes irão se distrair cada vez mais. Lembre-se, eles também estão com suas famílias em casas e apartamentos repletos de sons e interrupções. Você pode não conseguir ter um pano de fundo ou iluminação com qualidade de Hollywood, mas existem alguns pontos básicos para uma gravação de sucesso:

- **Segundo plano:** Um segundo plano neutro funciona melhor. Encontre uma parede branca ou um interior sem nada que possa distrair muito.
- **Vestuário:** Dentro do possível, vista-se como faria na sala de aula. Isso irá sinalizar que o que estamos fazendo ainda é escola. Use roupas que contrastem com seu segundo plano para que você seja facilmente visto e não causem distrações.
- **Iluminação:** Uma fonte de luz na sua frente será mais eficiente. A luz natural de uma janela com frequência é mais suave para os espectadores do que a luz de uma lâmpada, mas tente não se sentar de costas para uma janela muito iluminada ou com uma fonte de luz muito forte, pois isso pode ofuscar seu rosto, e você quer que seus estudantes vejam claramente suas expressões e sorrisos.
- **Som:** Dentro do possível, elimine ruídos de fundo. Grave suas aulas quando as coisas provavelmente estarão silenciosas. Considere o uso de um fone de ouvido para gravar, pois isso geralmente deixa o microfone mais próximo da sua boca.

Seja sua aula síncrona ou assíncrona, essas dicas minimizarão distrações e ajudarão a manter os estudantes focados em você e na sua aula. Mesmo quando estiver ensinando sincronamente, recomendamos que grave suas aulas de alguma forma. Ter uma gravação das suas aulas é útil para os estudantes ausentes e também uma ferramenta valiosa para treinamento e autoeducação.

Dicas de ferramentas: GRAVANDO A SI MESMO

- Direcionamento do foco: Quando você está compartilhando uma imagem, documento ou PowerPoint na tela, deixe os estudantes saberem onde devem focar sua atenção. Ajude-os indicando para onde na tela devem estar olhando, assim como faria na sua sala de aula: "Estamos aqui, começando o segundo parágrafo agora". A utilização de animações no PowerPoint pode ser uma ótima ferramenta para mostrar aos estudantes onde focar sua atenção. Esta imagem da aula de Joshua Humphrey é um ótimo exemplo. Enquanto ele discute cada ponto, um pequeno círculo foca a atenção dos estudantes no detalhe principal.

Folha de consulta para classificação de polinômios		
Termos Estão divididos em SOMA & SUBTRAÇÃO $3x^2yz \oplus 5x$		Grau da expressão Expoente mais alto $\quad 11x^2 - 3x \circledS + 12$
Monômio Um termo $\;(3x)$	Binômio Dois termos $\;\underline{3x^2} - 5$	Trinômio Três termos $\quad \underline{4x^5} - 2x^2 + \underline{11}$
Forma padrão Do grau mais alto até o mais baixo $4x^3 + 2x^2 + 11$		Coeficiente líder Coeficiete do grau mais alto na forma padrão $4x^2 - 5x + 1$
Constante Termo sem variável $4x^2 + 3x + 2$	Termo linear Grau = 1 $4x^2 + 3x + 2$	Termo quadrático Grau = 2 $4x^2 + 3x + 2$

- Posição da câmera: Sabemos que pode ser difícil encontrar o lugar ideal para gravar sua aula. Dito isso, se a câmera do computador estiver no nível do seu rosto, você evitará a impressão de que está olhando para baixo de uma forma esquisita durante a aula. Isso também tornará mais fácil capturar toda a gama de expressões faciais naturais. Se você estiver tendo problemas, tente apoiar seu *laptop* sobre um livro ou dois, ou considere investir em um apoio para *laptop*.
- Monitore-se: A maioria dos programas de gravação tem uma janela onde você pode se ver enquanto está sendo filmado. Use esse monitor para se assegurar de que os cronômetros, livros e o quadro branco não estejam aparecendo espelhados (você não quer que eles leiam de trás para a frente no vídeo final). Quando demonstrar como erguer a mão, erga a palma da mão para a câmera em vez de elevá-la acima da sua cabeça e fora do enquadramento.
- Imagem na imagem (*picture in picture*): Quando estiver apresentando materiais da aula, configure sua tela de modo que os estudantes também possam ver seu rosto, além dos materiais. Isso é feito automaticamente quando você grava no Zoom, mas você pode aumentar sua

gama de opções usando o recurso "gravação da tela" no PowerPoint ou um aplicativo básico Screencast. Esta imagem da aula de Chloe Hykin mostra como ela colocou seu rosto no meio dos materiais da sua aula. Isso significa que os estudantes podem acompanhar a aula fazendo menos movimentos oculares, e também permite que ela direcione o olhar dos estudantes.

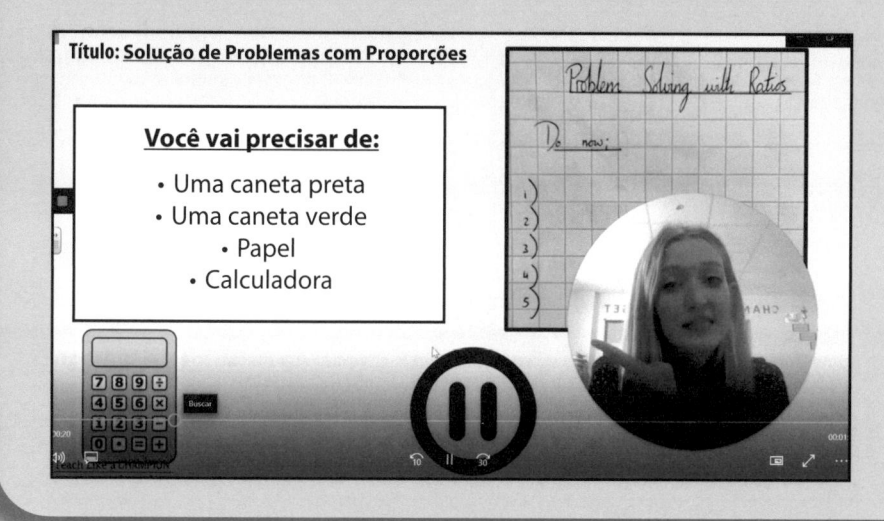

CHAT

Em uma de nossas reuniões recentes, vimos uma professora do ensino médio facilitando a discussão de uma leitura. Depois de dar aos estudantes 30 segundos para organizarem suas anotações, ela disse: "Agora entrem no *chat* e me digam duas falhas de caráter que vocês notaram neste capítulo de *Otelo*". A caixa do *chat* rapidamente se encheu de respostas dos estudantes. A professora examinava os comentários à medida que eram postados: "Ótimos exemplos, Kim. Kaymesha disse que Rodrigo é ingênuo... adoro isso". A professora ouviu o grupo todo em aproximadamente um minuto, e os estudantes puderam ver as respostas de todos. E, o que é mais importante, *todos* os estudantes se envolveram em compartilhar.

Embora o recurso do *chat* não deva ser a única forma de participação, ele pode aumentar o engajamento, permitindo que mais estudantes interajam ao mesmo tempo. Sem dúvida, existem algumas vantagens na utilização do *chat* em comparação com a discussão em sala de aula regular:

- Quando todos os estudantes colocam suas respostas no *chat*, você pode fazer a *Verificação da compreensão* com toda a classe.
- Você também pode verificar privadamente com um aluno específico. Não se preocupe com a segurança da privacidade; os outros estudantes, realmente, não conseguem identificar quando você está tendo uma conversa privada.
- Você pode usar o *chat* para impulsionar a discussão em um momento posterior. Faça toda a turma gerar hipóteses baseadas em evidências, depois retorne àquelas respostas literais em um momento importante na lição.

Dicas de ferramentas: CHAT

- Revise o *Chat* posteriormente: Você pode fazer o *download* de um histórico dos *chats* na sua aula se quiser examiná-los posteriormente. De fato, você pode configurar o Zoom para gravar automaticamente o histórico do *chat* de todas as aulas. Eles serão classificados por data no arquivo do Zoom dentro da sua pasta "Meus Documentos".
- Obtenha ajuda quando puder: Se possível, tenha um professor mediador que possa ajudar a monitorar o *chat*. Algumas escolas têm um professor principal dando a aula, enquanto outros professores administram os estudantes individualmente usando o recurso de "mensagem privada" no *chat*.
- De surpresa: Faça uma captura de tela ou copie e cole as respostas no *chat* em um documento para que você possa fazer chamadas *De surpresa* posteriormente.
- Direto para o professor: Pedir que os estudantes entrem no *chat* para que todos possam ler suas ideias é uma ótima maneira de construir pensamento formativo. Porém, algumas vezes você pode querer desacelerar as coisas um pouco. Talvez queira diminuir a aleatoriedade, talvez escolher algumas respostas que sejam mais úteis ou mesmo compartilhar ideias anônimas com um *Mostre o texto*. Nesses casos, você pode despistá-los dizendo: "Desta vez, escrevam suas respostas no *chat* diretamente para mim em vez de para todos".
- *Chat* de saída: Você pode usar o *chat* para enviar informações importantes para os estudantes – digamos, o *link* para um Google Doc que eles precisam ou a questão que você quer que eles discutam nas Salas de descanso ou no tempo de trabalho independente.

SALAS DE DESCANSO

Um pouco mais avançadas do que o *Chat*, as "Salas de descanso" são um recurso que permite ao facilitador da reunião dividir o grupo maior em "salas" separadas. O facilitador pode escolher criar as salas automática ou manualmente, e ele pode "visitar" as salas a qualquer momento. (A maioria das plataformas tem tutoriais sobre como usar esse recurso. O Zoom não é exceção.)

Especificamente, as Salas de descanso são uma ótima maneira para os professores trazerem *Virem e conversem* para suas salas de aula *on-line*. Muitas das soluções para um *Virem e conversem* efetivo na sala de aula também são importantes para o seu sucesso *on-line*. Há dois conjuntos de ferramentas que os professores bem-sucedidos usam tanto na sala de aula quanto *on-line*. O primeiro conjunto inclui ferramentas que os professores quase sempre usam para maximizar a eficiência e a responsabilidade:

- **Deixas padronizadas para entrar e para sair:** Use uma frase concisa para estimular os estudantes a entrarem e saírem de *Virem e conversem*. Uma deixa clara para iniciar resulta em um *Virem e conversem* com mais energia. Uma deixa padronizada é aquela que você usa o tempo todo. Uma deixa padronizada aumenta a eficiência porque os estudantes automaticamente sabem o que ela significa e *O que fazer*.

- **Limites de tempo precisos:** Use incrementos de tempo específicos para mostrar que a distribuição do tempo é intencional. Nas Salas de descanso, discussões de um a três minutos são frequentemente o ponto ideal. Você pode usar o recurso "Transmissão" para lembrar aos estudantes de quanto tempo ainda dispõem: "Vocês ainda têm 30 segundos para compartilhar". As Salas de descanso também lhe permitem fazer com que os estudantes retornem automaticamente para a sessão principal depois de um tempo predeterminado (15 segundos, 30 segundos, 60 segundos). Use esse recurso para dar a eles tempo para encerrar suas discussões e se prepararem para retornar à sessão principal, mas mantenha a consistência para que eles se acostumem ao sistema. ("Oh, ainda tenho 30 segundos; isso é tempo suficiente para compartilhar uma última ideia.")

- **A crista da onda:** Programe seus intervalos para que a discussão entre os parceiros termine no auge da energia, e não quando ela estiver enfraquecendo. Os estudantes ainda devem estar interessados em participar quando retornam. Você pode checar o nível de discussão entrando em uma ou duas Salas de descanso para avaliar se as conversas continuam se desenvolvendo ou se naturalmente começaram a esfriar.

As Salas de descanso são uma ótima forma de verificar a classe em grupos menores. Neste exemplo, o professor Ben Esser visita uma das Salas de descanso em sua aula. Ele se junta à conversa dos estudantes, dá *feedback* e então vai para outra Sala de descanso – nada diferente do que faria andando entre as fileiras na sua sala de aula.

> ▶ **VÍDEO**
>
> **Videoclipe: Ben Esser, "Virem e conversem"**
> apoio.grupoa.com.br/saladeaulaonline

Você pode optar por encerrar as conversas cedo, fechando as Salas de descanso, ou acrescentar mais tempo, mandando mensagens para os estudantes com o recurso "transmitir para todos". Em nossas sessões de treinamento *on-line*, nosso colega Rob com frequência manda mensagens aos participantes com um lembrete como: "Vocês têm mais 30 segundos para continuar compartilhando".

O segundo conjunto de ferramentas que você pode usar *algumas vezes* inclui:

- **Participações alternadas:** Algumas vezes é importante designar quem começa uma conversa. Isso faz com que as coisas andem mais rápido – menos preliminares – e garante que alguns estudantes não dominem sempre os demais. Você pode experimentar: "A pessoa cujo nome vem primeiro na ordem alfabética deve começar quando vocês entrarem nas suas salas". Se for importante alternar, você pode usar a função mensagem para dar a deixa para a troca nos grupos. Na metade de um intervalo você pode mandar a mensagem: "O segundo aluno deve compartilhar agora".
- **Encerramento com chamada De surpresa:** Use a chamada *De surpresa* ao sair das Salas de descanso para manter os estudantes responsáveis pela conversa relevante sobre o tema. Os professores podem tornar isso explícito direcionando para *Virem e conversem* ("e, quando saírem, vou fazer uma chamada *De surpresa*") para que seja previsível e positivo, e não um "peguei vocês". Encerrar com chamada *De surpresa* também mantém o ritmo e a energia. Além disso, pode ser útil uma pré-chamada para os estudantes nas Salas de descanso: "Quando voltarmos, vou pedir que Asha comece para nós".

- **Tarefa escrita:** Faça cada estudante usar o *Pare e anote* para registrar algumas ideias iniciais com lápis e papel a fim de se preparar para entrar nas Salas de descanso. Isso tem três benefícios: (1) assegura que os dois estudantes tenham alguma coisa a dizer, (2) torna mais provável que ambos falem e (3) apoia os estudantes ao ouvirem seu colega, pois eles não precisam manter sua ideia na cabeça.
- **Compartilhamento com o colega:** Faça os estudantes compartilharem o que seu colega disse depois de um intervalo para aumentar a responsabilidade por ouvir e apoiar o processamento das ideias dos demais.

Dicas de ferramentas: SALAS DE DESCANSO

- Transmissão: Aproveite o recurso "Transmissão para todos" nas Salas de descanso para se comunicar com os estudantes de modo não invasivo. Se você deu a eles um estímulo para discutirem, transmita o estímulo por escrito para que o tenham à mão. Informe quanto tempo lhes resta ou lembre-os quando outro estudante deve começar a falar.
- Visita: Como acontece com o *Virem e conversem*, é bom visitar a discussão de um grupo e verificar suas ideias. Para estudantes mais jovens, e no início do ano, é útil fazer visitas com mais frequência por períodos de tempo mais curtos. Depois que os estudantes se acostumarem com o sistema e puderem trabalhar confiavelmente em pequenos grupos, você pode passar períodos de tempo mais longos destacando itens promissores e apoiando os estudantes com dificuldades. O vídeo de Ben Esser citado anteriormente neste capítulo é um ótimo exemplo de como fazer isso.
- Divida o tamanho do grupo: Mantenha grupos pequenos; não mais que dois ou três estudantes em cada sala é o nosso tamanho mais comum. Recrie as salas regularmente, variando os estudantes que são agrupados. Lembre-se, quanto mais estudantes você adiciona a um grupo, menos tempo eles têm para participar – e mais provavelmente irão se desviar da tarefa.
- Composição do grupo de descanso: Usar o recurso "aleatório" é a forma mais simples de organizar quem trabalha com quem nos intervalos. Apenas se lembre de clicar em "recriar grupos" cada vez que fizer isso para que os colegas/grupos mudem durante a sua sessão. Com o tempo, você pode decidir ser mais intencional quanto à designação dos grupos para equilibrar os participantes e as perspectivas. Se quiser mudar alguém para um novo grupo, clique em "participantes" no botão do Zoom e aparecerá uma lista de quem está onde. Passe o *mouse* sobre um nome e aparecerá a opção "redistribuir".

- Implementação: Assim como na sala de aula tradicional, é importante planejar sua implementação. Por exemplo, quando Ben Esser implementa o *Virem e conversem* no Zoom, ele primeiro delineia um sistema simples para qual estudante fala primeiro: nome por ordem alfabética. Em segundo lugar, ele deixa clara a expectativa de que cada um irá parafrasear o que disse a pessoa antes dele. Isso alerta os estudantes para ouvirem atentamente uns aos outros e fornece um ponto de partida por meio do qual podem começar a sintetizar o pensamento dos pares com os seus.

▶ **VÍDEO**

Videoclipe: Ben Esser, "Virem e conversem"
apoio.grupoa.com.br/saladeaulaonline

DOCUMENTOS COMPARTILHADOS E ENTREGAS DOS ESTUDANTES

Embora os recursos do *Chat* e das Salas de descanso sejam úteis para os professores avaliarem o trabalho dos estudantes em tempo real, algumas vezes ciclos de *feedback* abrangentes requerem períodos de avaliação mais longos. Isso não é nenhuma novidade. Quase todos os professores estão familiarizados com sistemas em que os estudantes entregam a tarefa para os professores avaliarem fora do horário de aula. Em um ambiente remoto, o fornecimento de materiais e *feedback* sobre a tarefa dos estudantes é igualmente importante. Mesmo quando trabalham de forma remota, as escolas ainda precisam de um sistema para enviar os materiais da aula e receber a tarefa dos estudantes.

O ciclo de *feedback* por meio de recursos de baixa tecnologia envolve entregar tarefas durante o fim de semana, recolhendo-as no fim de semana seguinte e então dando o *feedback* na semana seguinte. Isso é demorado, porém mesmo ciclos de *feedback* lentos são melhores do que nenhum. Felizmente, a maioria das escolas e dos estudantes tem condições de enviar e receber *e-mail*s. Na ausência de uma plataforma formal, uma conta de *e-mail* exclusiva para a classe possibilitará que os estudantes entreguem o trabalho e recebam *feedback* assincronamente.

Muitas escolas estão usando uma plataforma formal como o Google Classroom, com espaço destinado para os estudantes fazerem o *download* de documentos e de seus trabalhos.

Na verdade, a distribuição e coleta de material digital tem seus benefícios:

- **O registro digital:** Algumas vezes, o papel pode criar pernas, sair de um arquivo e sumir. Quase todos nós já tivemos um estudante que não consegue mais encontrar sua tarefa, ou um que jura que a entregou em um Bilhete de Saída que agora está faltando na pilha. Com um sistema de *e-mail*s ou uma plataforma digital como o Google Classroom, um artigo ou pacote extra está a apenas um clique de distância, e existe um registro transparente de quais tarefas foram e quais não foram realizadas.
- **Acompanhar as alterações:** Utilizando "Acompanhar as alterações" em um documento, você e o estudante podem acompanhar a evolução do seu trabalho com o tempo. Esse tipo de revisão pode ser mais fácil de acompanhar e ler do que as dezenas de marcações e notas feitas nas margens dos trabalhos. Além do mais, ter um registro digital significa que os estudantes podem voltar e revisar seu *feedback* das tarefas anteriores, felizmente eliminando a necessidade de você corrigi-los no mesmo erro muitas vezes. "Voltem à unidade 4, onde trabalhamos no formato apropriado das citações e certifiquem-se de também incorporar esse formato à sua redação atual."

Dicas de ferramentas: DOCUMENTOS COMPARTILHADOS E ENTREGAS DOS ESTUDANTES

- Podemos pedir aos estudantes mais do que apenas uma tarefa escrita. Quadros brancos *on-line* como o GoBoard fornecem um espaço digital para escrever equações matemáticas ou apenas desenhar à mão livre.
- *Sites* de entregas de vídeos como o Flipgrid possibilitam que os estudantes filmem um vídeo curto da sua resposta ou até mesmo uma resposta em vídeo para a entrega a um colega.
- Prepare-se para as falhas tecnológicas. Bons professores têm planos de contingência. Coloque as tarefas e os materiais multimídia da aula em um arquivo compartilhado onde sempre podem ser encontrados. Registre as aulas síncronas e deixe-as sempre disponíveis no mesmo arquivo compartilhado depois de feito seu *upload*. Dê aos estudantes instruções claras sobre O que fazer para recuperar esses materiais e deixe explícita a expectativa de que ainda se espera que eles realizem sua tarefa mesmo que tenham problemas com a plataforma ou fiquem desconectados.

ORGANIZANDO SEU ESPAÇO

Dissemos que os bons professores preparam os estudantes para o sucesso organizando o espaço de trabalho. Simplicidade e consistência são os princípios orientadores. Os estudantes precisam apenas dos materiais necessários para a sua aula, tudo o mais é uma distração. Estabelecemos que é importante ter fortes sistemas em torno da organização do seu espaço de trabalho. Isso também se aplica ao espaço digital. Algumas pessoas têm a sorte de ter uma impressora confiável e monitores duais em seu *home office*. O resto de nós pode ter de começar a ser criativo quando se trata de organizar o espaço de trabalho digital para ensinar. Também temos que ser cuidadosos sobre como devemos pedir que os estudantes organizem seu próprio espaço de trabalho digital. Existem algumas estratégias nesse sentido:

- **Prepare os *slides*:** PowerPoint e outros *softwares* para apresentação permitem que você inclua notas, imagens, vídeos – praticamente tudo o que você normalmente usaria como recurso na sua sala de aula. Comece por aí. Isso lhe permite copiar e colar *slides* para aulas futuras de modo que possa maximizar a consistência do formato e as orientações.
- **Evite trocas:** Ao usar alguns programas, como o Zoom, é inconveniente trocar a tela que você está compartilhando. Essa é uma boa dica. É um lembrete de que o planejamento da sua aula pode estar complexo demais. Mantenha a simplicidade. Embora haja vezes em que você vai querer diversificar um pouco, tente minimizar essas ocasiões. Problemas tecnológicos acontecem, e é difícil trazer a turma de volta depois que você a perdeu.
- **Prático é melhor do que extravagante:** Inserir um cronômetro no PowerPoint é uma tarefa surpreendentemente complexa. Como uma brilhante alternativa de baixa tecnologia, ficamos encantados em ver que alguns professores simplesmente erguem um cronômetro na frente da sua *webcam*. Também já vimos professores conhecedores da tecnologia se perderem com elaboradas animações de transição que acabaram retardando sua aula. Como regra, é melhor empregar seu tempo desenvolvendo conteúdo e dando *feedback* aos estudantes. Despriorize a tecnologia que é mais espetáculo do que conteúdo.

> **Dicas de ferramentas: ORGANIZANDO SEU ESPAÇO**
>
> - Telas minúsculas: Muitos estudantes podem estar usando o celular para assistir à chamada pelo Zoom. Dentro do possível, mantenha um tamanho grande das fontes e das imagens, e não presuma que eles conseguem ver a tela quando estão usando o *chat*.
> - Use papel para as notas: A não ser que você esteja entregando as tarefas na casa deles, presuma que os estudantes não têm os materiais impressos. Em vez disso, eles tentam tomar notas à mão e usam seu computador para assistir a aula. Pode ser difícil para eles preencher um documento *on-line* enquanto estão assistindo à sua aula pelo Zoom.
> - Evite trocar: Evite pedir que os estudantes troquem regularmente de aplicativo em uma aula síncrona. As distrações estão a apenas um clique de distância, e ter uma política de não trocar as abas é um bom modo de afastar a tentação de dar uma olhada nas notificações das mídias sociais. Obviamente, os estudantes ainda podem usar o Google Docs, mas isso deve acontecer durante períodos determinados de trabalho independente ou assíncrono; tente não pedir que preencham um documento se você simultaneamente quiser que estejam aprendendo com o seu *slide* no PowerPoint.

COMPARTILHAMENTO DE TELA

Como você já leu ao longo do livro, a chamada *De surpresa* pode ser uma ferramenta excepcionalmente poderosa para promover aprendizagem e responsabilidade. Atrasados em adotar a tecnologia na sala de aula, nós finalmente reconhecemos que a *doc cam** vale seu peso em ouro. Vimos tantos professores usando a *doc cam* de formas brilhantes que fomos forçados a reconhecer uma nova técnica, *Mostre o texto*.

Na mudança das salas de aula presenciais para *on-line*, talvez nenhuma técnica se traduza mais harmoniosamente do que *Mostre o texto*. "Compartilhar a tela" é o equivalente *on-line* de mostrar o trabalho dos estudantes na *doc cam*. Sem insistir aqui nas virtudes de *Mostre o texto*, vamos passar para algumas das formas pelas quais podemos Compartilhar a tela em uma ótima aula.

---

* N. de R.T.: Dispositivo de captura de imagem em tempo real utilizado para projetar a imagem de um objeto para o público; é um avanço dos antigos retroprojetores.

- **Pontos de destaque e erros comuns:** Assim como um *Mostre o texto* na *doc cam*, um professor pode pedir que os estudantes compartilhem sua tela (ou escolham um documento entregue e o compartilhem) para destacar um processo exemplar ou um erro comum.
- **Exemplo trabalhado coletivamente:** Um professor também pode Compartilhar a tela em um documento em Word a fim de trabalhar com a classe para formar uma definição central. A revisão em grupo é mais fácil de acompanhar quando o professor está compartilhando sua tela e acompanhando as mudanças em tempo real.
- **Discurso positivo:** As aulas síncronas podem criar tensão na relação entre os professores e seus estudantes. Usar exemplos do trabalho dos estudantes do Bilhete de Saída do dia anterior é uma ótima maneira de Dissolver a tela e estabelecer a normalidade de entregar um trabalho de qualidade.

Dicas de ferramentas: COMPARTILHAMENTO DE TELA

- Desabilite o Compartilhamento de tela até que você esteja pronto: Até que você construa uma cultura forte, os estudantes podem não conseguir resistir à tentação de "acidentalmente" compartilhar alguma coisa tola ou inapropriada para toda a classe. Por definição, eles não devem ser capazes de compartilhar sua tela. Apenas habilite o compartilhamento de tela um pouco antes de pedir que um deles compartilhe seu trabalho.
- Compartilhe sua tela, não o aplicativo: O Zoom é planejado de modo a permitir que você compartilhe um aplicativo específico (como PowerPoint) com os estudantes em vez de exatamente o que você está mostrando na sua tela. Para novos usuários, fazer uso desse recurso é um esforço que não compensa. Apenas compartilhe sua "tela" na parte superior esquerda, e terá certeza de que o que você vê no monitor do seu computador é o que seus estudantes estão vendo também.
- O Zoom é um quadro branco básico: Se você quiser recriar um diagrama de física ou uma equação matemática, pode Compartilhar a tela para mostrar um quadro branco. No entanto, as ferramentas são muito básicas. A menos que você tenha um *touchpad* e uma ponteira (ou uma destreza para isso por alguma razão), provavelmente se sentirá melhor usando um programa específico para quadro branco que seja pré-programado com uma calculadora científica e uma lista de equações comuns (p. ex., GoBoard).

TECNOLOGIA NA SALA DE AULA: REVISÃO

Simplicidade é a chave. Qualquer solução – de alta ou baixa tecnologia – que torne o trabalho de ensinar mais fácil e mais efetivo é uma boa solução.

- **Gravando a si mesmo:** Gravar as aulas de casa tem seus desafios. Onde você escolhe gravar, o plano de fundo, a iluminação e o ruído de fundo, tudo isso pode afetar a experiência de aprendizagem de um estudante. Use o tempo que precisar para que tudo fique adequado.
- **Chat:** O *chat* é uma ótima maneira de ajudá-lo a maximizar o tempo, seja verificando os retornos imediatamente, seja lhe possibilitando espaço para revisar as entregas posteriormente. Embora este não deva ser o *único* dos *Meios de participação*, ele tem alguns benefícios claros. Aproveite-os.
- **Salas de descanso:** Use Salas de descanso para trazer um pouco da discussão que ocorre em pequenos grupos na sala de aula física para o ambiente remoto. Elas também são uma ótima maneira de fazer a *Verificação da compreensão*.
- **Documentos compartilhados e entregas dos estudantes:** Algumas vezes os ciclos de *feedback* abrangentes requerem períodos mais longos de avaliação do que os segundos necessários para escrever em um *chat*. Distribuir e coletar os materiais digitalmente tem inúmeros benefícios importantes e pode economizar muito tempo e esforço em relação a recursos análogos.
- **Organizando seu espaço:** Organizar seu espaço digital é tão importante quanto a sua estação de trabalho – para a compreensão do aluno, e talvez ainda mais do que isso. Simplicidade e consistência devem guiar suas decisões aqui. Evite ferramentas que sejam mais aparência do que conteúdo.
- **Compartilhamento de tela:** O compartilhamento de tela pode ser uma ótima maneira de levar técnicas como *Mostre o texto* para a sala de aula virtual. Também torna mais fácil ressaltar pontos de destaque e erros comuns, possibilita trabalhar coletivamente por meio de exemplos e ajuda a Dissolver a tela.

CONCLUSÃO: PLANEJANDO PARA O FUTURO

ERICA WOOLWAY
EMILY BADILLO
DOUG LEMOV

Em alguns aspectos, parece-nos estranho terminar este livro especulando sobre "o que o futuro nos reserva". Uma das poucas coisas de que temos certeza para a escola nos próximos anos é seu nível de incerteza, o qual certamente será histórico. A resposta mais honesta a quase todas as perguntas sobre o futuro é esta: ninguém sabe. No entanto, as escolas precisam planejar, projetar e implementar (e contratar, treinar e criar orçamentos) nesse clima. Riscos nervosos seriam perdoáveis se isso não fosse tão sério. Os jovens estão dependendo de nós. Temos que nos preparar, sendo ou não plausível saber para o que estamos nos planejando.

Será que voltaremos às nossas salas de aula com nossos estudantes, andando pelos corredores a que estávamos acostumados? Em caso afirmativo, com que frequência, por quanto tempo e em que condições? As escolas podem começar o ano com um modelo e as coisas podem mudar de repente. Começamos o ano em casa, mas logo voltamos. Podemos voltar, mas então temos que parar novamente. Isso pode continuar por um mês, um ano ou até mesmo uma década.

Isso significa que precisamos de um alinhamento entre a forma como ensinamos remotamente e como ensinamos presencialmente. Essa constatação estava entre as primeiras coisas que observamos naquela primeira manhã – todos nós em nossos *laptops* assistindo a Rachel Shin em seu *laptop*, falando com seus estudantes que a assistiam posteriormente nos deles. Ela imediatamente evocava ecos da sala de aula que eles costumavam compartilhar. Algumas frases e rotinas semelhantes. Ela se levanta e caminha até um papel colado na janela, como se fosse o quadro branco na sua sala de aula. "Como sempre fazemos", diz ela em determinado momento. Essa é uma das frases que ouvimos repetidamente dos professores que falaram conosco.

Eles regularmente evocavam o contexto social conectado que compartilharam com seus estudantes. Isso reforçava a continuidade, a familiaridade e a serenidade. Esse contexto dizia: "Vocês sabem como fazer isso. Ainda estamos juntos. Eu estou vendo vocês".

Para que isso aconteça, de forma confiável e consistente, será necessário algum planejamento, e os procedimentos e as rotinas terão que ser firmemente estabelecidos para se traduzirem entre os contextos. E, idealmente, eles seriam deliberadamente planejados com uma linguagem que faça a ponte entre os dois mundos. Somos a favor sobretudo da baixa tecnologia nas salas de aula reais, mas há bons argumentos para o uso do Google Classroom ou de alguma outra plataforma para receber trabalhos dos estudantes, se é que você já não está fazendo isso. Se todos começarem a entregar as coisas remotamente, esse processo já está em andamento. Pudemos observar que as escolas que já estavam se baseando em uma plataforma como o Google Classroom antes da transição para a aprendizagem *on-line* tiveram uma curva de aprendizagem muito mais suave. As crianças e as famílias estavam familiarizadas com o mecanismo.

Outro aspecto do planejamento sobre o qual precisamos refletir são os materiais. Há uma boa chance de que estaremos indo e vindo entre os ambientes *on-line* e presenciais. Quando repentinamente encerramos as atividades em março e mandamos os estudantes para casa, alguns foram mandados (compreensivelmente) de mãos vazias. Em outros casos, planejar com antecedência significava uma caixa de lápis de cera e pacotes para duas semanas. Com frequência assistíamos a vídeos de professores ensinando remotamente com tão pouco tempo para se preparar e pensar: e se...? E se eles soubessem e pudessem ter dado a cada estudante uma cópia do livro? E se eles soubessem e cada estudante tivesse um quadro branco que pudesse usar para fazer a *Verificação da compreensão*: "Ok, pessoal, desenhem um diagrama mostrando o ciclo da água e ergam diante da tela para que eu possa ver". Na segunda vez, podemos estar prontos para essas coisas. Estamos imaginando uma pequena caixa para cada estudante – uma pequena mochila, com quadros brancos, esperando metaforicamente ao lado da porta, para usar quando chegarem as notícias de que precisaremos fechar as escolas nas próximas semanas. E, é claro, o planejamento do empréstimo de equipamentos – garantindo que todos os estudantes tenham acesso a um dispositivo; talvez garantindo que o equipamento seja otimizado para auxiliar a aprendizagem e até mesmo restringir as distrações – seria uma peça essencial. O mesmo vale para as soluções de acesso à internet. Desta vez, fomos pegos de surpresa pelo fato de os estudantes não terem acesso regular à internet. Da próxima vez, não seremos.

Outra possibilidade é que poderíamos retornar às salas de aula, mas "nós" pode não significar "todos". Alguns pais podem optar por não mandar seus filhos de volta. Um município que conhecemos está se planejando para a possibilidade de até 25% dos estudantes optarem por não voltar quando a escola reabrir (e alguma porcentagem desses estudantes não terá acesso à internet). Haverá alguns pacotes e um sistema paralelo. Mais uma vez, os procedimentos e rotinas – Como entregamos os trabalhos? Onde eu encontro as minhas tarefas? – serão duplamente importantes. O mesmo vale para as horas de trabalho. Um dos aspectos que tentamos, mas no qual falhamos em ser consistentemente intencionais quanto à nossa linguagem, é ao nos referirmos ao que fazemos como ensino remoto *versus* ensino *on-line*. Remoto é uma categoria mais ampla. Inclui ensino *on-line*, mas também outras ferramentas que você pode usar quando estiver longe dos estudantes: *e-mail*, textos e ligações telefônicas (imagine isso!). A ocasional reunião presencial socialmente distanciada. Essas são ferramentas especialmente importantes para as horas de trabalho – o antídoto individualizado para um modo de entrega que cresce em escala cada vez maior.

Mais outra consideração para o futuro pode ser o exame cuidadoso do calendário escolar. Alguns municípios e estados examinaram a abertura mais cedo não somente para compensar os ganhos de aprendizagem perdidos, mas também em antecipação a uma possível "segunda onda". As escolas vão querer considerar como será seu modelo remoto, especialmente quando estamos sentindo a urgência em torno da adicional perda da aprendizagem para nossas crianças – e como cada mês de aprendizagem perdido pode ter um impacto exponencial.

E há mais questões, é claro. É improvável que a escola tenha a mesma aparência entre os países ou estados, ou mesmo dentro de um único município ou rede. Podemos teoricamente ir e vir durante o ano com concomitantes níveis de alerta de pandemia. Os estudantes podem passar metade da semana na escola e metade da semana em instrução remota. As escolas e os municípios ou estados podem não ser avisados com antecedência sobre uma repentina mudança para a aprendizagem de todos os estudantes, muito semelhante ao fechamento com a primeira onda.

No entanto, existe um rastro de migalhas de pão para indicar o caminho na floresta da incerteza. Além de garantir que nossos sistemas *on-line* e tradicionais se alinhem, também temos que pensar seriamente na construção de conexões – antes e durante a instrução remota. Uma das lições mais profundas deste ano foi a percepção de que, apesar de difícil, a aprendizagem remota estava baseada nas relações e hábitos que construímos durante o período juntos na sala de aula. Teremos isso no futuro? Se tivermos, não podemos desperdiçar isso. Mas algumas vezes, por mais que tentemos alguma coisa, menos conseguiremos obter. As relações são construídas, antes de tudo, por meio do ensino efetivo. O objetivo não é que eles nos adorem, mas que adorem aprender fazendo isso conosco.

SOBRE IGUALDADE

Como nos lembra a discussão de Emily Oster sobre a pesquisa de John Friedman, mencionada na Introdução do livro, iremos voltar não só para um ambiente mais complexo, desafiador e incerto onde ensinar, mas também para estudantes que ficaram muito atrás e provavelmente estão com grandes lacunas na aprendizagem. Além disso, essas lacunas provavelmente estarão distribuídas de forma desigual. Alguns estudantes terão sofrido mais com a falta da instrução tradicional. Isso implica pelo menos duas coisas sobre a alocação dos recursos da escola. Uma é que provavelmente mais recursos serão necessários na área de avaliação. Se já sabemos que a aprendizagem *on-line* é, por enquanto, menos efetiva, temos que usar a avaliação de modo mais intencional e efetivo para entender as lacunas. Felizmente, podemos começar avaliando agora, pois os testes podem ser feitos remotamente com algum sucesso. Em uma situação ideal, saberíamos muito sobre onde nossos estudantes se encontram, individualmente e como um todo, no dia em que eles voltarem à escola novamente.

Também é provável que precisemos de avaliações diferentes em muitos casos. A matemática é avaliada mais confiavelmente pelos nossos testes atuais. Acreditamos que muitas avaliações de leitura erroneamente presumem que a leitura seja um conjunto de habilidades transferíveis – se você pode fazer uma inferência a partir de um trecho, pode fazer de todos – e testam levando isso em conta. Mas a leitura é mais provavelmente uma combinação de habilidades fundamentais – fluência com nível variado ou texto e sintaxe complexos – e conhecimento prévio do vocabulário, das quais o vocabulário pode ser o elemento mais importante. Se quisermos saber mais confiavelmente onde os estudantes estão na leitura em face de uma crise urgente, teremos que mudar os tipos de avaliação que usamos. E, é claro, existe o problema de que outras disciplinas, como ciências, história e artes, não possuem avaliação padronizada em muitos casos, o que nos coloca em risco de lhes dar menos atenção – o que é medido é o que é feito, eles dizem. Achamos que esse seria um erro grave.

Um segundo problema na alocação de recursos são os recursos humanos. Se sabemos que alguns estudantes são especialmente mal servidos pela aprendizagem remota e se os espaços na escola são escassos (há 16 vagas em vez de 32 em uma sala de aula, digamos), será que poderíamos disponibilizar algumas dessas vagas ou oportunidades, com o devido distanciamento social, para aqueles que mais precisam de interações face a face? É praticamente certo que teremos que fazer isso, como alguns municípios ou estados que conhecemos já começaram a considerar. Quem retorna primeiro depois de uma onda de pandemia pode ser aquele que precisa estar de volta primeiro. Esse é outro motivo por que a avaliação remota pode ser tão fundamental.

MODELOS DE ORGANIZAÇÃO DA EQUIPE DOCENTE

O ensino é, em sua maior parte, um esporte individual – obviamente gostaríamos que isso fosse diferente, mas com frequência se resume a um professor e sua sala de aula, e você está sozinho. A aprendizagem *on-line* pode provocar alguma reestruturação. À medida que as escolas reinventam a aprendizagem, o papel e as responsabilidades de cada professor precisam mudar consideravelmente. Neste momento, temos a oportunidade de alavancar e construir as capacidades de aprendizagem e liderança das equipes de ensino de uma forma incomum, e assim pensamos que seria útil explorar alguns modelos possíveis de equipe e seu impacto potencial.

A instrução remota nos libera para sermos realmente criativos em nossos modelos de organização da equipe docente. Quando você trabalhar para chegar a uma solução que maximize o talento da sua comunidade de professores a fim de atender às necessidades dos seus estudantes, tenha em mente as seguintes sugestões:

- **Parcerias de ensino:** Já que não precisamos mais nos preocupar com quantos estudantes cabem em uma sala de aula (embora seja importante quantos você consegue ver simultaneamente em uma tela), os professores podem combinar talentos de várias maneiras. Dois professores podem fazer uma parceria, e um deles pode fornecer toda a instrução assíncrona enquanto o outro facilita a aprendizagem ao vivo. Em modelos síncronos, pode ser particularmente útil ter um professor que facilite a discussão e planeje a entrega do conteúdo e outro que administre o *chat* e determine as tendências dos dados por meio da observação do trabalho dos estudantes, tanto durante quanto depois da aula.
- **Equipe de apoio e professores assistentes:** Uma equipe de apoio ou especialistas como professores ESL[*] ou de educação especial têm várias opções disponíveis para auxiliar os estudantes com dificuldades ou aqueles que precisam de recursos adicionais. Gostamos de um modelo em que o pequeno grupo de estudantes assiste ao modelo assíncrono junto com o professor de habilidades, para que ele possa então utilizar estratégias de ensino que auxiliem a aprendizagem progressivamente (*scaffolding*) e suportes diretamente na aula assíncrona. Além disso, a equipe de apoio pode fornecer apoio além do computador por meio de frequentes verificações por telefone ou mensagem de texto, dando ao estudante encorajamento e talvez também *feedback* mais próximo ao ponto de erro.

---

[*] N. de R.T.: Professores ESL (*english as a second laguage*, ou inglês como segunda língua) são especialistas em auxiliar estudantes não nativos de quaisquer idades na escrita e conversação do inglês.

LIÇÕES DO INÍCIO DE 2020

Provavelmente não nos esqueceremos tão cedo do início de 2020, o ano letivo em que todos nós, com níveis variados de experiência, interesse e conhecimento tecnológico, ingressamos em um enorme experimento de aprendizagem remota (e, francamente, muitas outras coisas também). Embora muitas vezes possa ter parecido (e certamente nos pareceu) que todos estávamos apenas nos esforçando para manter nossas cabeças acima do nível da água, estes meses caóticos nos ensinaram algumas lições importantes sobre o ensino e a aprendizagem *on-line*.

Primeiramente, a instrução remota abre uma tremenda possibilidade para treinamento e crescimento do professor. A aprendizagem assíncrona dá aos professores a possibilidade de regravar. Em um cenário, um professor experiente pode trabalhar com dois ou três professores menos experientes para orientá-los ao longo do ciclo de *feedback* do planejamento, prática, gravação e então regravação de suas aulas assíncronas. Os professores mais inexperientes também podem se desenvolver auxiliando os professores mais experientes em uma escola em suas aulas síncronas. Os professores novatos podem receber uma tarefa de observação e também uma responsabilidade. Por exemplo: "Observe como a Profa. Incrível varia seus *Meios de participação* e faz verificações com estes estudantes específicos durante cada tarefa de trabalho independente". Por fim, esses professores novatos, se designados para trabalhar com professores experientes, podem assumir pequenas partes da aprendizagem síncrona e eventualmente a aula inteira, com seu treinador fornecendo apoio e *feedback*.

Em nosso estudo dos vídeos, também observamos que algumas das nossas técnicas favoritas (particularmente *Economia da linguagem*, orientações claras sobre *O que fazer* e *Meios de participação*) se tornam ainda mais essenciais *on-line*. O treinamento nessas áreas pode se traduzir em maior sucesso no ensino tradicional futuro. Um professor que dedica seu tempo a aprimorar a *Economia da linguagem* na instrução *on-line* será mais capaz de voltar à sala de aula e continuar a usar essas habilidades. Também já vimos que, por meio da tecnologia, há coisas que os professores são capazes de fazer ainda melhor *on-line* do que presencialmente. Por exemplo, *Mostre o texto* e chamada *De surpresa* com frequência acontecem harmoniosamente *on-line*. Quando os professores ficam mais à vontade com essas técnicas em suas salas de aula remotas, eles podem continuar a usá-las fluidamente durante um ano letivo imprevisível.

Em nosso trabalho de treinamento de professores, percebemos que existem implicações importantes para as oportunidades de Cursos de Aperfeiçoamento Profissional. Estamos aprendendo que nossos *workshops* para Treinar o Treinador (TTT, do inglês *Teach The Trainer*) podem ser eficazes e alcançar as pessoas digitalmente, sobretudo aquelas que podem não conseguir viajar. De fato, no futuro provavelmente iremos acrescentar uma opção de TTT a distância às nossas ofertas de cursos de aperfeiçoamento. O que costumava exigir que as pessoas gastassem tempo e dinheiro para viajar até a sala de conferências de um hotel (frequentemente sem janelas) agora pode ser acessado com um simples clique em diversos fusos horários. Nosso modelo de desenvolvimento profissional de dois dias agora inclui cinco sessões síncronas de 90 minutos complementadas por tarefas assíncronas, incluindo a análise de vídeos, pré-leitura e prática que é gravada e enviada para nossa equipe usando Flipgrid. Isso também nos permitiu demonstrar implicitamente um modelo de aprendizagem remota para adultos – que possa ser adaptado e aplicado também a crianças e professores. Para treinadores e líderes escolares, planejar e liderar o desenvolvimento profissional remoto para seus professores pode ajudá-los a obter alguma experiência inédita, ajudando a desenvolver sua própria capacidade e permitindo que demonstrem técnicas para instrução *on-line*.

Por último, alavancar a cultura e as relações existentes foi o sucesso do início da pandemia. O próximo desafio será o que fazer sem essas conexões prévias. Talvez as escolas queiram que seus professores "mantenham o ciclo" com seus estudantes até onde seja possível. Se isso não for possível, as parcerias e comunicações entre os professores e entre as turmas farão com que os estudantes se sintam mais apoiados. Isso pode significar ter no FaceTime o professor do ano anterior no ano seguinte e fazer alusões a conversas que eles tiveram sobre o estudante. ("A Profa. Watson disse que vocês eram muito bons em problemas numéricos no ano passado – mal posso esperar para ver como vocês se saem este ano!") Para professores que estão começando o ano letivo remoto com estudantes que são novos na escola, o desafio é maior, mas não insuperável. Sistemas e rotinas claros e consistentes, que estimulam na sala de aula uma cultura acolhedora de responsabilidade e apoio e mostram aos estudantes por meio da atenção a suas ideias que você se preocupa com a sua aprendizagem, podem ajudá-los a se sentirem seguros, bem-sucedidos e conhecidos – mesmo que vocês nunca venham a ficar juntos na mesma sala.

VANTAGENS

Mencionamos na Introdução que haveria um lado bom (mas não a conferência do TED Talks). Alguns pontos começaram a aparecer, embora muitos outros ainda irão surgir.

Um benefício da nossa maior compreensão da aprendizagem remota – e habilidade mais universal com ela – é uma maior capacidade de apoiar os estudantes quando eles não estão na sala conosco. Por exemplo, estudantes que estão em casa fazendo o exercício de casa, que estão doentes ou estão faltando à aula por qualquer razão podem agora ter recursos e ferramentas de apoio dos professores que não havíamos desenvolvido nos anos letivos anteriores.

Outra vantagem potencial é a quantidade de comandos que você tem *on-line*: todos esses vídeos da sua equipe explicando conceitos em aulas curtas assíncronas. A maioria deles fica disponível de forma permanente. Você podia citar protocolos de modo a deixar claro para estudantes e pais o conteúdo que eles abrangiam e publicá-los em algum lugar para que qualquer estudante a qualquer momento pudesse voltar e recuperar alguma coisa que tivesse perdido? Você podia indicar ou sugerir revisões periódicas durante intervalos mais longos para reduzir a perda da aprendizagem?

Tendo rompido as barreiras do tempo e do espaço, também potencialmente abrimos a porta para um melhor e maior uso de um dos bens mais escassos: conhecimentos específicos. Um dos maiores desafios para muitas escolas é encontrar professores com conhecimento técnico em disciplinas como física, química e matemática avançada. Apenas imagine uma região composta por 15 escolas de ensino médio em uma cidade relativamente grande e ainda assim precisando de 15 (ou talvez 30 ou 45) pessoas com conhecimento e vontade de ensinar cálculo ou física no ensino médio. Será que a familiaridade do "sistema" (significando todos nós) com formatos de aprendizagem *on-line* e híbridos poderia permitir que um professor de física desse uma ou duas aulas altamente técnicas para grandes grupos ou assincronamente em muitas escolas e que, depois, professores de ciências de conhecimento mais geral – mas com altas habilidades de ensino – continuassem as próximas aulas presencialmente? Talvez.

A carência de tempo e atenção *on-line* também tem o potencial de ser uma vantagem, pois nos força a prestar atenção às demandas da memória de trabalho. Isso nos deixa mais conscientes da atenção. Utilizar Pontos de pausa para consolidar a memória, incorporar a *Prática da recuperação* de forma rotineira, estar consciente da carga cognitiva e usar fortes sistemas e rotinas para apoiar todos estes componentes: a aprendizagem remota coloca essas preocupações em primeiro plano e no centro, mas estas são mudanças com grande potencial de influência que podemos fazer também em nossas salas de aula presenciais.

MANTENDO O QUE IMPORTA

A maior lição que aprendemos com esta situação sem precedentes pode ter sido uma que já sabíamos e que aprendemos mais uma vez a cada ano letivo. As relações entre professores e estudantes, o compromisso dos professores com a melhora do seu ofício, a aproximação com seus estudantes, a garantia de que eles se desenvolvam – isso ainda é o que mais importa. A instituição de educação como a conhecemos pode ter mudado para sempre, ou ter sido afetada apenas temporariamente. Quem poderá dizer como será o ano de 2021, ou mesmo 2025? Mas sabemos que, não importa o modelo, não importa a tecnologia ou a localização ou as novas diretrizes, quando os professores planejam cuidadosamente, constroem fortes sistemas e rotinas e respondem à compreensão dos seus estudantes, estes vão aprender e se desenvolver, se sentirão vistos e valorizados e continuarão sua educação, seja sentados em nossas salas de aula ou em seus sofás. Os professores, antes de tudo, constroem uma cultura em torno dos seus estudantes, uma cultura que molda a sua compreensão do conteúdo, mas também a sua percepção do mundo e do seu lugar nele. Esse trabalho é mais difícil de fazer quando estamos distantes quase ou todo o tempo, mas ainda é possível de ser feito, especialmente se um dos principais ensinamentos que tiramos do nosso tempo no Novo Normal é perceber mais uma vez, e com ênfase renovada, o valor crítico da cultura que construímos.

REFERÊNCIAS

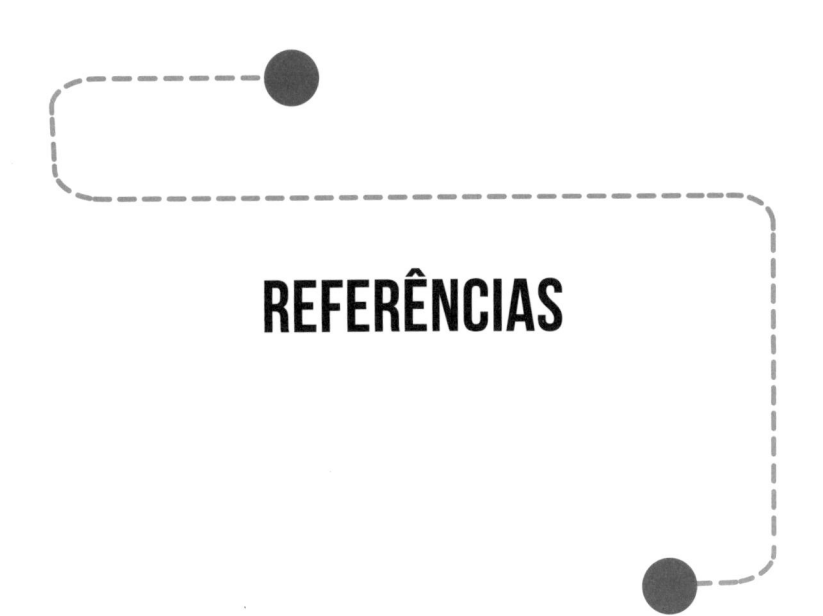

CHRISTODOULOU, D. *Teachers vs Tech? The case for an ed tech revolution*. Oxford: Oxford University, 2020. p. 139-140.

JIANG, M. The reason zoom calls drain your energy. *BBC*. 2020. Disponível em: https://www.bbc.com/worklife/article/20200421-why-zoom-video-chats-are-so-exhausting. Acesso em: 10 fev. 2021.

OSTER, E. COVID-19, learning loss and inequality. *Parent Data*. 2020. Disponível em: https://emilyoster.substack.com/p/covid-19-learning-loss-and-inequality. Acesso em: 10 fev. 2021.

WOLF, M. *Reader, come home: the reading brain in a digital world*. New York: Harper, 2018.

APÊNDICE: UM MODELO DE AULA E O CONCEITO DE TAREFA SEMISSÍNCRONA

Este Apêndice representa os *insights* que nossa equipe teve depois do prazo de entrega do manuscrito deste livro. Felizmente conseguimos incluí-lo. Por favor, lembre-se de que atualizações e *insights* adicionais, juntamente com exemplos em vídeo, podem ser encontrados (em inglês) em nosso *blog*: https://teachlike-achampion.com/blog/.

Darryl Williams lidera o trabalho em parceria com a equipe do TLAC (Aula Nota 10), onde trabalhamos diretamente com as escolas para ajudá-las a alcançar sua visão de instrução igualitária de alta qualidade em todas as salas de aula. Trabalhando diretamente com as escolas quando começaram a elaborar planos para o ano letivo de 2020-21, Darryl se viu tendo que tomar decisões difíceis envolvendo desafios emergentes junto dessas instituições.

Ele elaborou o esboço do que seria uma "estrutura" para as aulas *on-line* em uma escola. As escolas precisam de alguma consistência. Ter um modelo de como deve ser uma aula de um modo geral ajuda os professores a planejarem. E não apenas os professores em sala de aula, mas também os professores de educação especial e outros colaboradores que prestam assistência aos estudantes. De que forma consistência pode ser combinada com flexibilidade?

Darryl elaborou um modelo que se baseou no fato de que o maior desafio da instrução síncrona e assíncrona é, indiscutivelmente, o mesmo: fadiga, desatenção, exaustão. Sabemos que os estudantes precisam de interações frente a frente. Porém, mesmo para adultos, várias horas no Zoom podem ser brutais. Mas a aprendizagem assíncrona pode ser igualmente cansativa e induzir à sensação de isolamento.

Estar na posição de receptor de tarefas e vídeos assíncronos de aparência impessoal também pode ser desgastante para o estudante.

A beleza da estrutura de Darryl reside na forma como ela equilibra os dois tipos de instrução para tornar a aprendizagem *on-line* produtiva e sustentável.

Primeiramente, esta é uma visão geral do que ele propôs, adaptada a uma aula hipotética de 60 minutos que acontece todas as segundas, quartas e sextas às 9h da manhã.

Devo observar que este modelo não é obrigatório... ele seria adaptado de forma diferente a cada escola e provavelmente ajustado de tempos em tempos às práticas dos professores. Mas ele estabelece uma estrutura geral produtiva e sustentável e acarreta uma previsibilidade e consistência necessárias para como deveria ser o ensino.

Na **Abertura da Aula**, os estudantes e o professor estão presentes sincronamente. Queremos que o professor busque uma interação constante para que os estudantes se sintam conectados, incluídos e responsáveis: anotações e *chats* rápidos e atividades *De surpresa* e talvez um rápido intervalo em duplas.

A aula deve começar com os estudantes vendo um rosto sorridente e sendo convidados a fazer alguma coisa ativa – como responder a uma pergunta no *chat* do Zoom, digamos – dentro dos três primeiros minutos. Deve haver uma "tela de orientação" logo no começo para que os estudantes saibam de que material precisam para participar e percebam que as coisas estão planejadas e que o tempo é importante.

O foco aqui está no ensino direto. Ensine conteúdo novo. Leia o trecho de um livro. Trabalhe um problema modelo, com muita interação. Talvez por 10 a 15 minutos.

Depois de 10 ou 15 minutos em que estão todos juntos, conectados e responsáveis, talvez seja um bom momento para um **Trabalho Independente**. Na maioria dos casos, este seria um momento "**semissíncrono**", como fazem os professores Knikki e Eric em suas aulas: câmeras ligadas para que você possa apoiar e acompanhar os estudantes como Eric faz brilhantemente, permitindo que eles se sintam vistos e ouvidos mesmo que estejam lendo independentemente, bem como mantendo as orientações no alto da sua tela o tempo todo caso os estudantes se esqueçam. Ou como na aula de Knikki, onde ela tem o cuidado de garantir que os estudantes entendem a tarefa. Eles trabalham independentemente, mas também trabalham duro. Eles já entenderam que provavelmente receberão tarefas *De surpresa* mais tarde.

Depois de um pouco de trabalho independente, talvez esteja na hora de voltar para um ambiente síncrono para o **Encerramento da Aula**, quando o professor está focado na *Verificação da compreensão* e revisando o trabalho independente, certificando-se de que os estudantes foram produtivos e bem-sucedidos ao trabalharem sozinhos. Isso se parece um pouco com a aula de Ben Esser, que mais uma vez é altamente interativa... há um ótimo estímulo para escrita que todos completam. Há chamadas *De surpresa* cordiais. Há salas de descanso (e Ben visita uma para ver como está indo), etc.

Apêndice

	Abertura da Aula (15 min) 9:00–9:15	Trabalho em Parceria e Independente (15 min) 9:15–9:30	Encerramento da Aula (15 min) 9:30–9:45	Horário Flexível (15 min) 9:45–10:00
Elementos Essenciais	• Boas-vindas: Aquecimento e engajamento, porém breve. • Engaje os estudantes ativamente dentro dos 3 primeiros minutos. • Ensine conteúdo novo ou explore mais sobre o tópico anterior. • Discuta um problema modelo (altos níveis de interação dos estudantes). • Leitura compartilhada.	• Os estudantes realizam o trabalho independentemente ou com parceiros. • Os estudantes podem estar semissíncronos (isto é, ainda com câmeras ligadas) ou, mais tarde, totalmente assíncronos. • Os estudantes assistem a um vídeo de aula assíncrona. • Leitura independente.	• Retorne totalmente para a aula síncrona. • Revise o trabalho independente. • Estude as falsas concepções. • Resumo da aula. • Defina as expectativas para a realização e entrega da tarefa de casa. • Leitura compartilhada ou releitura.	• Verificações individuais ou em pequeno grupo ou reensino. • Tarefa de casa iniciada e/ou apresentada. • Leitura compartilhada ou independente. • Prática da recuperação.
Destaque Visual	• Comece com "rosto visível". • Depois, Tela de Orientação: Materiais necessários; visão geral da aula.	• Visão Geral na Tela: Orientações para tarefa independente, idealmente permanecendo visíveis o tempo todo.	• Rosto o mais visível possível.	• Tela de Encerramento: Explicação clara sobre quando e como entregar o trabalho.

No final, a aula muda mais uma vez para o que chamamos de **Horário Flexível**... os estudantes fazem parte da sua tarefa de casa (ou toda ela!). É hora de você verificar com cada um ou em pequenos grupos aqueles que precisam de mais auxílio. É um ótimo momento para oferecer auxílio direcionado para os estudantes que precisam de acomodações ou serviços de educação especial... e o fato de que o tempo é relativamente previsível facilita esse fornecimento de apoio. As crianças podem até mesmo conseguir fazer alguma leitura. Mas você também vai querer deixar bem claro: qual é o prazo para o trabalho? E como será apresentado?

Assim como o bloco de **Trabalho Independente**, o Horário Flexível pode ser semissíncrono. Ou talvez totalmente assíncrono com alguns ou todos os estudantes se desconectando.

Um dos grandes ensinamentos do modelo é a estrutura desses blocos independentes e a percepção de que eles não são totalmente assíncronos. Estes são alguns dos elementos em comum que tornam semissíncronas as tarefas independentes dos professores Eric e Knikki:

- Tanto Eric quanto Knikki dão aos estudantes uma quantidade específica de tempo para trabalhar em uma tarefa. Os dois professores perguntam aos estudantes se eles precisam de mais tempo. A atenção ao tempo é essencial. Se muito curto, a tarefa não é concluída. Se muito longo, a atenção do estudante se perde.
- Ambos trazem os estudantes de volta do trabalho independente e o revisam imediatamente.
- As tarefas requerem que os estudantes usem lápis e papel (ou que leiam um livro); em outras palavras, eles não estão olhando para uma tela. Isso é imensamente importante. Doses pesadas de tempo de tela são penosas para o cérebro. Esses momentos proporcionam intervalos revigorantes.
- Os dois professores usam a transição para sair do ensino síncrono para se assegurar de que os estudantes entendem a tarefa. Eric publica as orientações na tela para que os estudantes possam consultar enquanto trabalham. Knikki muito deliberadamente verifica a compreensão da tarefa – o que estamos fazendo? Onde estamos escrevendo? Ela faz perguntas usando chamadas *De surpresa*. Este é o único momento em que ela usa a língua materna durante sua aula de língua estrangeira.
- Eles nos fazem lembrar que os estudantes (não, as pessoas) são inerentemente mais distraídos e se distraem facilmente *on-line*. "Aprender a se concentrar é um desafio essencial, mas ainda mais difícil em uma cultura onde a distração é onipresente", escreve Maryanne Wolf. Os dois professores aqui estão socializando períodos sustentados de trabalho que reforçam a forte atenção e são capazes de manter os estudantes responsáveis por manter essa atenção.

GLOSSÁRIO DAS TÉCNICAS DE AULA NOTA 10

Controle o jogo. Sistema para focar a leitura oral dos estudantes em um trecho compartilhado. Ajuda a tornar a leitura em classe mais produtiva, responsável e eficiente.

Cultura do erro. Criação de salas de aula (virtuais) onde os estudantes se sentem à vontade para revelar os erros e os valorizam como oportunidades de aprendizagem.

De surpresa. Chamar um aluno independentemente de ele erguer sua mão ou se voluntariar de outra maneira. Boa ferramenta para garantir responsabilidade, prontidão e engajamento.

Discurso positivo. Ato de nomear e reconhecer os estudantes que estão atendendo e superando as expectativas.

Economia da linguagem. Hábito de evitar linguagem estranha à comunicação. Ajuda a garantir que as orientações sejam claras e as aulas sejam mais eficientes.

Exemplo trabalhado coletivamente. Quando estudantes e professores constroem juntos um modelo de resposta para um problema ou pergunta. Estimula o trabalho em equipe, a humildade e a compreensão do grupo.

Faça agora. Uma atividade curta que os estudantes realizam imediatamente, com frequência no começo de uma aula. Sinaliza que estamos aqui para aprender e ajuda a iniciar a aula.

Introdução. Uma explicação para os estudantes sobre *o quê e o porquê* de uma abordagem que você está usando em sala de aula, particularmente as abordagens novas.

Marque as etapas. Transições que servem para enfatizar as fronteiras entre as atividades ou seções de uma aula. Ajuda com o *Ritmo* e dá às aulas uma sensação mais dinâmica para professores e estudantes.

Meios de participação. Uma das muitas formas pelas quais os professores podem construir a participação ativa dos estudantes nas aulas.

Mostre o texto. Um tipo de chamada *De surpresa* que envolve pegar os trabalhos escritos dos estudantes e exibi-los para a classe.

Mostre-me. Processo pelo qual os estudantes mostram ao professor dados objetivos do seu trabalho (por meio de sinais, quadro branco ou algum outro mecanismo de resposta *on-line*) em uníssono para que os professores possam avaliá-lo rapidamente.

O que fazer. Orientações extremamente claras para uma tarefa na sala de aula (remota ou presencial).

Pare e anote. Pausar uma aula brevemente para que os estudantes anotem seus pensamentos e ideias iniciais em resposta a um estímulo.

Prática da recuperação. Exercício em que os estudantes devem relembrar e reaplicar conteúdo previamente dominado.

Proporção. Estratégias para deslocar o trabalho cognitivo de uma aula para os estudantes. Importante para estimular o pensamento independente.

Reconhecimento versus elogio. Reconhecer as contribuições dos estudantes sem elogiar excessivamente comportamentos rotineiros. Ajuda a reservar o elogio verdadeiro para o trabalho exemplar significativo.

Ritmo. A prática de fazer com que um trabalho criterioso sobre um determinado tópico pareça dinâmico e em evolução.

Tempo de espera. Esperar deliberadamente alguns segundos a mais depois de fazer uma pergunta antes de chamar alguém para respondê-la. Permite que mais estudantes (não apenas os mais rápidos) tenham a chance de participar.

Todo mundo escreve. Dar aos estudantes uma oportunidade de refletir, por escrito, antes de uma discussão. Ajuda os estudantes a se prepararem para uma discussão mais criteriosa e reduz o esforço cognitivo removendo a necessidade de memorizar notas escritas.

Verificação da compreensão. Ferramentas usadas para reunir e avaliar dados em tempo real sobre a compreensão dos estudantes de um conceito, tópico ou atividade particular, *antes do final da aula*. Particularmente importante em ambientes remotos.

Virem e conversem. Ferramenta pela qual os professores facilitam discussões em pequenos grupos. Na sala de aula física, literalmente "virando-se e conversando" com os colegas. *On-line*, isso pode ocorrer em *chats* ou Salas de descanso.